# むかしこっぷり

## 吉備之国の民話

岡山県語りのネットワーク編・著
立石憲利監修

目次

## 一　花いろの民話



## 二　青葉いろの民話

## 三　紅葉いろの民話



## 四　雪いろの民話

表紙絵　黒木曉子
さし絵　鈴木　泉

# 一　花いろの民話

一羽のからすカアカア
二羽のにわとりコケコッコ
三羽の魚が泳ぎだす
一ぬけた　二ぬけた
三ぬけた

（美咲町　縄とび歌）

# 頭が池――一

昔、むかしのことじゃ。

ある村に、彦一《ひこいち》という、それはもうとてつもなく大きな大きな頭をした男がおったそうな。

ある春のポカポカ陽気の日、桃の花が満開になったので、彦一は、村のみんなと近くの丘に花見に行った。妻のおさよが、おいしい、おいしいおにぎり弁当を作ってくれたんじゃ。おにぎりがコロコロ転がっていかんように風呂敷《ふろしき》に包んでしっかりと腰につけとった。

着いたところは桃の花がきれいに咲いとる丘の上じゃ。そこでみんなでござを敷いて、弁当を食べ始めた。

しばらくしたらな、彦一の頭の上に何やらポトッと落ちてきたんじゃ。彦一が頭をなでてみると、なんと小さな桃の実じゃった。あんまり美味しそうなんでパクリと食べてしもうた。桃の花が満開なのにもう実をつけて珍しいことじゃ。

それから、村の人たちと楽しいひと時を過ごし家に帰った。彦一はくたびれて、その晩はぐっすり眠ったと。

次の朝、目を覚ましてみると、何だか頭がいつもより重いそうな。何じゃろうかと思うて手でおそるおそるなでてみた。すると、頭に何やらできとる。なっ、なっ、なんと木がはえとる。

「こりゃ大変じゃ、頭に木がはえとる」

彦一はびっくり仰天。

頭の木はずんずん、ずんずん大きくなり、三日目には腕ほどになり、一週間目にはさらに大きくなり、十日たったら立派な桃の木になった。そのうち、桃の木はきれいな花で満開になった。すぐに村の人たちが、

「おい、彦一の頭に桃の花が咲いたそうな。頭が丘に行こう」

と、言いだした。うわさはぱっと広がって、みんながお弁当を持って、ぞろぞろ、ぞろぞろやって来たそうな。

頭の上だけでなく、耳から肩の上まで、人、ひと、人でいっぱいじゃ。飲めや歌えの大騒ぎ。夜になってもやって来て、酔っぱらってけんかをする。そのうるさいこと、うるさいこと。彦一は夜ゆっくり眠ることもできんようになった。

そこで彦一は、桃の木を根元からズボッと抜いてしもうたんじゃ。するとそのあとに大きな穴ができ、涼しい風も吹き込んで気持ちがいい。やっと静かになってゆっくり休めるようになって喜んどった。

ある日のこと、彦一が隣村に出かけて行ったら、途中で空が急に暗くなり、夕立ちになった。笠もなく雨宿りするところもない。ぬれながら歩いておったら、頭の穴に水がいっぱい溜まって大きな池になったのじゃ。そのうち、頭が池には、コイやフナがわいてきて泳ぎだしたそうな。うわさは、村中に広がって、魚釣りにやってきだした。子どもたちは池に飛び込んだり泳いだり、もぐったりと、ドボドボドーン、ズズズー、ピチャピチャと、頭の中に響き、うるそうてうるそうてかなわん。彦一はもうやりきれんようになった。そこで、とうとう頭が池に飛び込んだ。死んだかと思ったが、桃の木の枝があって、それにつかまって助かったんじゃ。

それから、彦一の頭が池の水は次第に干上がり、普通の人の頭に戻ったそうな。

彦一は、あの美味しい桃の木を育てたいと思い、村の小高い丘の上に、桃畑を少しずつ作り増やし、生涯を穏やかに暮らしたんじゃと。

（再話　総社市　出原　恵美子〈吉備路伝説を語る会うぐいすの会〉）

# 温羅と桃太郎――二

昔々、今から千数百年も昔、吉備《きび》の国は自然に恵まれ、稲や塩が豊富に採れ、繁栄しておった。あるとき、吉備の国に、百済《くだら》から男たちがやって来た。頭《かしら》は温羅《うら》といい、身の丈が四・二メートルもある大男。髪や髭《ひげ》が燃えるように赤く、頭には角《つの》のようなこぶがある。まるで鬼のように見えた。その男たちはみごとに、木を切り土地を耕し住み処《か》を造った。そして備中国、新山《にいやま》に城を築いた。

男たちは火を燃やし、うたを歌っている。

炎よ燃えろ　天までこがせ
激しく燃やせ　鉄を打て
木より石より固い鉄
鉄を使って何作る
田畑を耕す　すきやくわ
料理に使う　なべやかま

草刈る　かまに
猟する　やじり

ずっと様子を見ていた人々が、

「この吉備の国の土から道具が作れるそうな」

「ほう、そりゃ、わしらも一緒に作らせてもらおう」

と、言い始めた。

「鬼のように見える温羅も、なんと知ればほんに良い男じゃ」

そうして、吉備の人らは、鉄の道具で働いた。吉備の国は、ますます繁栄していったのじゃ。

ある満月の夜のこと。いろいろな面をつけて、にぎやかに酒盛りが始まった。赤や青の鬼の面の者、狐や狸のお面の者もいる。

「あの鳥の仮面の娘はだれじゃ」

「あれは、村長《むらおさ》の娘で阿曽媛《あぞひめ》じゃ。誉れ高き美人じゃ」

「ほんに、ほんに、美しいのう」

温羅は、阿曽媛に心を奪われて、そして妻にし、自らも〝吉備の冠者《かじゃ》温羅〟と、名乗った。

人々の中には、温羅を心よく思う人ばかりではなく、大和の王に告げた者がいた。

吉備の国には　鬼がおる

赤鬼　青鬼　毛むくじゃら
魔力を使って人間を
狐や狸やむじなに変えて
石より固い鉄づくり
大和に攻め入る武器づくり

「はよう何とかしてくだされ。もとの静かな国にしてくだされ」

大和の国の王は、桃太郎を、鬼征伐に出発させた。家来には、犬飼部《かいべ》、鳥飼部、ササモリ彦をつけた。吉備の国にやって来た桃太郎は、吉備の中山《なかやま》に戦いの陣を構えた。


そのことを知った人々は、戦いに備え、城の倉に食べ物や武器になりそうな道具を運び込み、家族みんなで集まった。心配でたまらぬ顔のみんなを見ながら、温羅は、城の櫓《やぐら》に立って、こう言った。

「わしはかつて百済の王子じゃった。戦いで父母を失った。恨みをはらすために武器を秘かに作って来たが、この吉備の国の自然を守り、人々を守ることを考えたい。戦いは、新たな恨《うら》みをうむだけじゃ」

やがて、桃太郎がやって来た。山を見上げて桃太郎が見たものは、鬼ではなく人間の温羅。

温羅は桃太郎にこう言った。

「わしは吉備の国の冠者、温羅じゃ。わしの命と鉄の武器を全《すべ》て渡そう。わしは、この美しい空気や水、人々の心や知恵を失いたくない。そなたに、これら、わしの宝を守ってほしい」

桃太郎は、温羅の言葉をかみしめながら、城から次々に出てくる村人を見ていた。突然、

「だまされるな」

と、いう声と同時にササモリ彦の射た矢が温羅に当たった。温羅は、ここを戦場にはできぬと、雉子《きじ》になりできるだけ遠くへ飛んだ。桃太郎は、約束を果たすことを告げようと、鷹《たか》になって追いかけた。温羅は力尽きて川に落ちて鯉《こい》になった。川は温羅の血で真赤に染まった。この川を今でも血吸川《ちすいがわ》という。

温羅は、桃太郎にこう頼んだ。

「私はこれまでじゃ。どうか吉備の国を守ってほしい。鵜《う》になって私の魂を飲み込んでくれ」

桃太郎は温羅の望みどおり鵜になり温羅の魂を飲み込んだ。温羅は吉備の冠者の名を桃太郎に渡したのだ。やがて桃太郎は〝吉備津彦命《きびつひこのみこと》〟と呼ばれるようになった。吉備津彦命は、温羅の首を御釜殿《おかまでん》の土中深く埋めた。温羅の首は、その後十三年もうなり続けたのじゃ。

ある夜、命《みこと》の夢枕に立った温羅が告げた。

「わが妻阿曽媛に神饌《みけ》を炊かしめよ。幸あればゆたかに鳴り、禍《わざわ》いある時は荒らかに鳴らん。

吾は命の霊神の一人の使者となり、世の吉凶を告げよう」

これが、吉備津神社で今も行われている「鳴釜神事」の始まりと言われている。

〈再話　総社市　奥野　志津子〈吉備路伝説を語る会うぐいすの会〉〉

# 桃太郎——三

昔むかし、あるところに、じさまとばさまが住んどってナ。
ある日、じさまは山《やめ》ー柴刈りに、ばさまは川《かえ》ー洗濯に行ったと。ばさまが洗濯をしていると、上《かみ》の方から、
どんぶりこっこすっこっこ
どんぶりこっこすっこっこ
大けな桃が流れて来ょーた。ばさ、エインコラ　ドッコイショと、桃を拾いあげると、家へ持って帰《けえ》って、包丁で切ろうとすると、パカッと割れて、桃ん中からぼっけえ（たいそう）元気な男ん子が出てきてなー。子どもがおらんかったじさまとばさまは、それはそれは喜んで、大事《でえじ》に大事に育てたんじゃまあ。
桃太郎は、飯《めし》ーいっぺえ食うて、グングングングン、でえれえ大きゅうなってナ、気はやさしゅうて力持ち、大変《てえへん》立派な若者に成長したっと。
その頃のこと、村では鬼が現れては悪《わり》ーことばーしょうてナー、村人達は、ほんに困りょう

たんじゃ。そりょー聞いた桃太郎、

「わしが大行儀《おおぎょうぎゅ》うしたる」

と、鬼が島へゆくことになったんじゃなあ。

ばさまが作ってくれたきびだんごを腰にからげて、旅に出かけたと。

しばらく行くと、犬に出会うたと。

「桃太郎さん、桃太郎さん、どけー行くんなら」

「鬼が島へ鬼退治に」

「お腰につけたきびだんご、一つくだせえ、お供します」

またしばらく行くと、猿に会うたと。

「桃太郎さん、桃太郎さん、どけー行くんなら」

「鬼が島へ鬼退治に」

「お腰につけたきびだんご、一つくだせえお供します」

もうしばらく行くと、雉に会うたと。

「桃太郎さん、桃太郎さん、どけー行くんなら」

「鬼が島へ鬼退治に」

「お腰につけたきびだんご、一つくだせえお供します」

この者達を手下にして、やっとのこと鬼が島へ着いたと。島では、赤鬼や青鬼が、村人達から取り上げた御馳走で、大酒飲みょうた。

そけー、

「われこそは日本一の桃太郎、逃がしゃーせんぞ」

大声出して、おらび（叫び）ながら、鬼の大将を頭上高く持ちあげた。犬は、ワンワン鬼にかみつき、猿はキャッキャッ牙をむいて、かなぐりかかる。雉は、バタバタ目んくり玉を突っちーた。鬼ども、

「助けてくれー、助けてくれー。もう悪いことは絶対《ぜってぇ》せんけー許してつかーせー」

と、涙を流して謝ったと。

桃太郎、金銀財宝持ち帰り、村人達に分け与え、じさま、ばさまと末長《なご》う仲よう暮らしたって。

めでたしこと、めでたしこと。

〈再話　井原市　黒木　曉子〈美星語りの会こすもす〉〉

# お花の宮――四

その昔、森忠政が築城した津山城に、二十五才の原十兵衛がお仕えしておった。十兵衛は美しい妻、お貴志《きし》を森一族から迎え、若いながらも家老職に就いていた。ある日のこと、十兵衛は、勝間田の宿《しゅく》を通りかかったおりに、茶屋で休むことにしたんじゃ。お茶を運んで来た娘は、花という名前で何とも美しい娘じゃった。一目惚《ぼ》れをした十兵衛は、なんと三度も茶を持って来させたんじゃ。

津山の屋敷に帰ってからも、お花のことが忘れられん。そこで家来に命じた。

「お花を行儀見習いとして連れて来い」

一般の人々にとって、武家屋敷に奉公することは、とても名誉なことじゃった。それに原家は禄高三千石を領し、津山城の南御門の内に大きな屋敷を構え、使用人も優に二十人を越える大家じゃ、勝間田の人々は、うらやましそうに、お花を見送ったそうな。

花は美しいばかりでない、気立てもよく礼儀作法もわきまえ、立ち居ふるまいもまことに優雅じゃった。日頃、妻に頭の上がらない十兵衛は、花にいやされ、身の回りの世話すべてを、花にまかせるようになったんじゃ。

妻の貴志は、嫉妬《しっと》を日に日につのらせ、花をいじめるようになっていき、花の姿を見ると、

「お前のような田舎娘、早くお里にお帰り」

と、地団駄を踏んで声を荒げたと。

そんなおり、お貴志の兄の森采女《うねめ》が、妹を心配して説得しにやって来た。

「藩主ゆかりの妙願寺の屋根に、猿が三匹来ておる。何か不吉なことの前触れじゃと、城下の者達が騒いどる。十兵衛のお花への思いは〈見ざる、聞かざる、言わざる〉の例えもあるように、いかに苦しくとも、嫉妬せず辛抱してくれよ。三匹の猿は、そちへの教訓のため天のお告げで来たと思うぞ」

兄の忠告に、お貴志は、自分は本妻である。田舎娘になど、むきになるまいと思って、自分の心を押さえ、息子の守り役をお花に頼むことにした。お花も喜んで、誠心誠意尽くしていた。ところが、ある日、どうしたことか、子どもが縁側から落ち、踏石に頭をぶつけて死んでしもうたんじゃ。

お貴志は半狂乱となり、花の不注意を責めた。息子の仇とばかりに、花を裏庭の大木に縛りつけ、色黒でカラスと呼ばれている江坂権太夫《えさかごんだゆう》と共に、お花を殺しにかかった。

そこへ、槍《やり》持ち中間《ちゅうげん》の市平が飛び込んできた。

「奥方様許してやって下さい」

「なんと、市、お前もこの女にたぶらかされているのか。権太夫、市も殺しておしまい」

お花思いの市平も切り殺され、二人の死体は屋敷内の五葉の松の根元深く埋められた。

それからというもの、いつの間にか、原家の屋敷周りには、カラスやトンビが群れて来だした。また、毎日毎日にわかにかき曇り、雨風吹きすさび、家鳴りが起き、お貴志は奇病に苦しみ狂乱となった。

また、雨の降る日に、お花の里、勝間田からお花の幽霊が、槍持ちの市が引く馬に乗ってトボントボンと原屋敷に来たんじゃ。みんなは、お花のたたりじゃとうわさしだした。

十兵衛は、お花の霊をなぐさめるため、屋敷内にほこらを建て「お花善神」として祀った。

それから奇災害は止んだと。

いま、子どもが頭を打って死んだ踏石は怨石《うらみいし》として、大円寺に祀られている。「お花善神」のほこらは、徳守神社の境内に移され、おまいりする人がいまも絶えることがない。

〽妙願寺の屋根に　猿が三匹とまって
いっちの中の猿が　よう物知っとって
一の木　二の木　三の木桜
五葉松柳

柳の枝にトンビがとまる
カラスもとまる
カラスの首をねんねんねじ曲げて
お女郎に見せて　お女郎は御徒歩《おかち》
殿さまお馬　市がた槍持ち
原さんはこはガタガタ
槍の先やぺったんこ

この歌は、子どもたちのてまり歌として歌い継がれてきており、お花の事件を歌ったものだといわれているのじゃと。

（再話　奈義町　高森　行代）

# 竹・もの語り——五

むかし。むかしと言っても、津山に津山城というりっぱなお城があった頃の話じゃ。奥津という雪深い山奥の村に、お城づとめをしている、貧乏な田舎侍の家族があったそうな。侍である父と母と娘の三人で、仲睦まじい暮らしをしておった。父親は勤勉実直。母親は縫い物が得意で、夫の羽織、袴はもちろん、村人から頼まれて着物を縫い、暮らしのたしにしておったと。

娘はお竹という名で、すくすくと育っていたそうな。

そんなある日のこと、母親が風邪をひき、それがもとでぽっくりと死んでしまった。父と娘は悲しみながらも、りっぱな葬式をしたと。

葬式をすませたばかりの父親は、悲しむ間もなく、お城づとめがあるため、出かけなければならない。ただ娘をひとりにしておけず、村人の世話で、新しい母親を迎えたそうな。

「なぁ、お竹。新しいお母さんと仲良う暮らし、父の帰りを待つのじゃぞ。そうしたら、土産を買うて来てやるぞ。土産はなにがええか。ほしいものなんでも言ってごらん」

「わたしなぁ、裁縫箱がほしい」

「よし。約束したぞ。裁縫箱を買うて来てあげる。いい子をして待つのじゃぞ」

父と娘は約束をしたそうな。そうして新しい母親には、

「娘と仲良う暮らしていておくれ。よくよく頼むぞ」

と言い、津山のお城にでかけたそうな。

父親が留守になると、継母はお竹にひどく当たり出した。そんなある日のことじゃ。継母は、庭に大きな釜を出し、

「この釜に、ざるで水をいっぱい汲んで、煮え立つお湯を沸かすのじゃ」

と言いつけ、ざるを渡したそうな。お竹は、ざるで水を汲んだが、いくら汲んでも釜にたまらない。お竹は、泣き泣きざるで水を汲んでいたそうな。そこをひとりのお坊さんが通りかかり、泣いているお竹に声をかけた。

「これこれ。娘子や。どうしたのじゃ」

「はい。この釜いっぱいに水を入れ、お湯を沸かすようにと、言いつけられたのですが、ざるでは水を汲んでも汲んでも、溜らないのです」

「そうかそうか。ならばいい考えがある」

と言い、自分の着ている衣のそでを片方引きちぎり、ざるの内側に貼り付け、

「さあ、これで水を汲みなさい」

と言って、ざるを渡しどこかへ行ってしまったそうな。

お竹は喜んで水を汲んだと。水はすぐに釜いっぱいになったそうな。火をどんどん燃やし、お湯を沸かしたそうな。そりゃあ火もよく燃え、すぐに煮え立つお湯になったと。

「お母さん、お湯が沸きました」

継母は表に出てくるや否や、煮えたぎる湯の中へ、お竹を突き落とした。お竹はなぁ、死んでしまったと。継母はお竹の死骸を、裏の畑の中に埋めてしまい、知らん顔をしておりましたそうな。

それからしばらくすると、不思議なことに裏の畑に竹が一本だけ生えたそうな。その竹が見事な色つやで、しなやかに育ったと。そこを一人の虚無僧が通りかかり、その見事な竹を見つけ、

「この竹を私に下され。大切にいたしますので下され」

と継母に頼んだそうな。すると継母は、

「どうぞどうぞ。竹なんぞ珍しくもない。どっこにでも生えて邪魔なだけですけん」

と、あっさりあげたんじゃと。

お城にいる父親は、そんな事は少しも知らず、いつものようにお城づとめをしていたと。あ

る日、虚無僧の吹く尺八の音が聞こえてきたと。その尺八の音色が、父親の耳に、
〽お父さん　裁縫箱はいりません
　お竹は　竹になりました
と聞こえるそうな。
　父親は家のことが気になり、急いで手紙を書いて出すと、
「お竹も、私も元気で暮らしています。こちらのことは心配せずお勤めに励んで下さい」
とすぐに返事が返ってきたと。
　しかし何日かして、また、虚無僧の吹く尺八の音色が聞こえ、
〽お父さん　裁縫箱はいりません
　お竹は　竹になりました
と、なんとも悲しそうに聞こえるそうな。
　父親は、無性に家の事が気にかかり、お殿様に訳を話し、急ぎ家に帰ったと。
　家の中にお竹の姿がないんじゃと。あちこち探してみたが、やはりお竹の姿がどこにも見えないそうな。どうにも気にかかるので、
「実は、お城で聞こえてきた尺八の音色が気にかかり、胸騒ぎがし、お竹が心配で帰ってきた

のだ」

と言うと、継母は、最初のうちはごまかしていたが、何度も何度も父親に問い詰められ、

「私が殺して裏の畑にうめました」

と、とうとう白状し、泣いて詫びたそうな。しかし父親は怒って、継母を家から追い出したと。


さあ、それからどれぐらいたったじゃろうかなぁ。

ある山奥に父と娘の二人暮らしの家があったそうな。父と娘は、毎日仲良く畑を耕したり、山へきのこを採りに行ったりと、いつも二人一緒にいたそうな。そんなある日のこと、父親が病気になってしまったと。娘が一生懸命看病しても、父親は、だんだんやせ細っていったそうな。

「お父さん、何か食べたいものがありませんか。このまま食べないでいると、病に負けてしまいます。何か食べたいものがあったら言って下さい」

と娘が言うと、

「たけのこがたべたい・・・」

と言ったと。

「お父さん、しばらく待っていてください。山へ行って来ます」

と言い残し、竹山へ向かった。

あっちの竹山、こっちの竹山と探したが、こんな寒い冬にたけのこがあるはずもない。娘は、この竹山を探したら今日は帰ろうと、たけのこを探しはじめた。雪は降りだすし、日も暮れかかり、涙をこらえて探していると、瓜坊（イノシシの子）が、目の前をちょろちょろするそうな。そして鼻の先を土の上でこすっているんだと。

娘は瓜坊のこするところを掘ったと。すると小さなたけのこがぽつりとあったそうな。娘は急いで掘り起こし、ふところに入れ走って走って家へ帰り、すぐにたけのこを煮たそうな。父親は娘の煮たたけのこを、

「うまい、うまい。こんなうまいたけのこは食べたことがない」

と言いながら、うれしそうに食べたと。

それからというもの、父親は少しずつ元気になり、仲の良い父と娘の姿が、山に、畑に、あったと。二人の耳には聞こえなかったが、山の神様の声がしたそうな。

よかった。よかった。

親孝行のおまえには、いつでもこの私がついているからなぁ。

むかしこっぷり。

（再話　津山市　田村　洋子〈津山語りの会いろりばた〉）

# かいこ狐――六

昔、ある村に大分限者《おおぶげんしゃ》がおったんじゃそうな。村の者は、みんな羨《うらや》ましく思っていて、ある時みんなで聞いてみたんじゃって。

「あんたんとこは、何でそんなに金回りがええんかな」

「そんなことは教えられんな」

と、初めはしぶっておったんじゃけど、みんなに責め立てられるもんじゃから、しぶしぶ教えることにした。

「じゃあ、一回しか言わんからようく聞け。大きい声では言われんのんじゃからな。いいか、節分が過ぎてちいと暖かくなる頃なぁ、雨の降る晩になると、山裾の田んぼや池の周りで、コイコイコイ、コイコイコイと鳴く声が聞こえて来るじゃろう。いっとき声がせんようになるが、春になって温かくなるとまた、コイコイコイ、コイコイコイと声がするじゃろう。あれはなぁ、かいこ狐《ぎつね》という小さい小さい狐が、金をやるからコイコイコイと鳴いとるんじゃと。毎晩、どこからか三枚か四枚五枚のお金をくわえて来るんじゃ。くわえてきたお金はな、そーろりと下の一枚を抜き取るんじゃ。間違えて上から取ろうものならもう決してくわえて来んようになるから、気をつけにゃいけんで。実はな、わしはそのかいこ狐を飼うとるんじゃ」
と、教えてくれたそうな。

（再話　津山市　市本　えみ子〈津山語りの会ぴんどろう〉）

# こんな顔――七

昔は、キツネが人をよくだましておった。次郎吉という魚屋が、町で魚を仕入れて、籠《かご》を天秤棒《てんびんぼう》でかたいで山道を帰っておった。

峠の頂上まで帰って、大きな桜の木の下で、ひと休みしていたら、目の前に、キツネが出てきたんじゃ。

どうするじゃろうかと、見ておったら、すぐ目の前でキツネが芝居をやりだした。水戸黄門じゃと。悪代官が出てきて、助さん、格さん、水戸のご老公と勢揃いじゃ。そうして見とったら、

「この紋所が目に入らぬか」

山場じゃ。なかなか面白い芝居をやるものじゃ。うっかり芝居に見とれてしまっては、いけないぞ。

次郎吉は、キツネが芝居を見せて魚を取ろうとしても取らしゃせんぞ。決してだまされんぞと思って、籠の上に天秤棒を置き、その上に腰かけて、たばこを吸い始めた。

「今日ばかりは、キツネにだまされんぞ」

と言いながら、たばこを吸っているうちに、いつの間にか自分の家に帰った気分になった。見ると、女房が入口に立って待っている。

「やれやれ、今帰ったぞ。途中の峠で、キツネのやつ、わしをだまそうと思って、芝居をしだした。上手にあったが、だまされたらいけんと思って、たばこを吸っていたら、無事に魚を取られずに帰ってくることが出来た」

　すると女房が、

「そうかな、それはよかったな。魚を取られずに無事に帰ってこられてよかった。心配して待ちょうたんじゃ」

と返事をする。

「昔からキツネにだまされそうになったら、たばこを吸えというから、その通りにしたら、だまされんで、大丈夫じゃ」

「キツネの芝居は、どうじゃったかな」

「水戸黄門で、なかなか上手にあって面白かったが、途中で帰ったわい」

「ふん、そりゃもうちょっと見りゃよかったのに。せいで、芝居で、こんな顔した者は出なかった」

と言ったかと思うと、女房がわあーっと大きな口を開けた。口が耳まで裂けた山姥《やまんば》のような顔になった。

次郎吉はびっくりして、

「わあっ」

と、後ろにひっくり返った。

ありゃと思って立ち上がってみたら、峠の頂上の桜の木の下じゃった。籠の中を見たら魚がすっかりなくなっとった。キツネに取られてしまったのじゃ。ひっくり返ったすきに、キツネが魚をみな取って逃げたんじゃと。

昔こっぽりとびのくそ。

〈再話　井原市　田中　美鈴〈芳井語りの会でんでんむし〉〉

# アリの米運び――八

昔、あるところに話がたいそう好きな殿様がおられたそうな。

殿様は、いろんな人を呼んで話をさせるが、みんなすぐ終わってしまい、もっと話が聞きたいと思っておった。

そこで、

〈殿様が聞きあきるだけ話をした者には、何でも望みの物をほうびとしてやる〉

という立て札を、人通りに立てたと。

それを見て、あっちからこっちからと、次々に話をする人が集まってきた。

最初に来た人は、

「お殿様、それでは話を始めます」

と言って、朝から始めて、夕方まで話をし、

「これで、終わります」

と自信満々に言った。

すると、殿様が、

「たったそれだけか。これじゃ、ほうびをやるわけにはいかん」

と言われた。

次の人は、二日話をしたが、ほうびはもらえなかった。三人目は、一日半で、話が終わった。

我こそは、殿様からほうびをもらうぞと、何十人もが話をしに来たが、ほとんどの人が一日か二日で終わり、一番長く話した人でも三日だった。それで、誰も殿様からほうびをもらうことができなかったそうな。

そんなある日のこと、子どもが殿様のところにやって来て、

「お殿様、長い話をします」

と言ったのじゃ。

すると、家来が、

「子どもの来るところではない。帰れ、帰れ」

と、追い返そうとした。

でも、殿様が呼び止めた。

「子どもでもよい。どんな長い話をするか、聞いてやろう。話してみよ」

「それなら、お殿様、話をさせていただきます」

「話してくれ。聞きたくなくなるほど、たくさん話をしてくれたら、ほうびをやるぞ」

「じゃ話させていただきます。お殿様、あるところに、大きな蔵があってなあ、その中に、米がいっぱい入っとったそうな」

「ふんふん、たいした米じゃのお」

「その米蔵に、アリが穴をあけて入っていった。一匹のアリが一粒の米をくわえて出た。次の一匹のアリがまた、一粒の米をくわえて出た。また、一匹のアリが一粒の米をくわえて出た……」

「もう米を、だいぶくわえて出たろう」

「はい、お殿様、今、米を百粒ほど運んだところです」

「また、一匹のアリが一粒の米をくわえて出た。次の一匹のアリがまた、一粒の米をくわえて出た。また、一匹のアリが一粒の米をくわえて出た……」

「もう、どのくらいくわえて出たか」

「はい、お殿様、これで米を千粒ほど運びました」

「また、一匹のアリが一粒の米をくわえて出た。次の一匹のアリがまた、一粒の米をくわえて出た。また、一匹のアリが一粒の米をくわえて出た……」

と、同じ話を十日間も続けたところ、殿様が、

「まだか」

と尋ねられたんじゃ。

「はい、お殿様、まだ米を二升（約十三万粒）ほどしかくわえて出ていません。蔵の米を全部くわえて出すには、まだまだ何年もかかります」

「もうよい。その話は聞きあきた。もう、聞きとうない」

と殿様が言ったと。

それで、その子どもは、たくさんのほうびをもらったということじゃ。

昔こっぷり。

（再話　福山市　平田　博子〈備後語りの会ふくふく〉）

# 宝の下駄――九

昔、むかし、あるところに、親子三人が幸せに暮らしておったと。

ある日、おとうが旅に出たまま、行方がわからんようになってしもうた。残されたおっかさんと娘のおみつは、細々と暮していたが、おっかさんが病気になってしもうた。

おみつは困り果てて、たった一人のおじの権蔵《ごんぞう》に、

「おっかさんが病気になって、医者さまに、薬人参を飲ませりゃ治ると言われましたけぇ、薬人参を買うお金を貸してつかぁさい」

と頼んだ。

ところが、権蔵は村一番の欲張りもので、

「なんと、そげな高いものを。おまえら親子には、これまでも用立ててきて、まだ、それも返してはもろうとらん。これ以上貸すことは出来ん。いね（帰れ）」

とおみつを追い返したそうな。

断られたおみつは、おっかさんの看病をしながら、おっかさんの病気が治りますようにと、三、

七、二十一日の願かけをした。夜更けになると、お宮に参り、一生懸命お祈りをした。ところが、二十一日、満願の夜、おみつはお宮へ参ったものの、疲れて、ついうとうとっと寝てしまったのじゃ。すると、夢の中に、白いひげの神様が現われて、

「おみつや。おまえは、二十一日休まずにようきたのう。おまえは、親孝行の娘だから、おまえたち親子に、この下駄をやろう。この下駄をはくと、必ずええことがある。じゃがの、この下駄をはいて転ぶと、そのたんびに背が一分(約三ミリ)ずつ低くなるから、気を付けるように」

と言われたと思うと、すうっと消えてしもうた。

おみつが目を覚ますと、神様の言われた通り、下駄があったそうな。おみつは、

「これは、夢に出てきた下駄じゃ。ありがたいこと」

と、大切に持って帰り、おっかさんに訳を話し、さっそくその下駄をはいてみた。ところが、はいた拍子にゴロンと転んでしまった。すると、チャリンと音がして、なんと、小判が一枚転がり出た。おみつは、

「神様の言われた通りじゃ。これでおっかさんの薬人参も、米も味噌《みそ》も買うてあげることが出来る」

と喜んで出かけた。そして、一番にお母さんの薬を買い、米や味噌、醤油も買って、久しぶりにお母さんに、ご馳走を食べさせてあげたと。それから、おじさんの家に行って、

「ありがとさんでした。これまで貸してもろうたお米や味噌を、お返ししますけえ」

と言って、借りていたものを返したのじゃ。

さて、欲張りのおじの権蔵は、

〈貧乏暮らしのおみつが、こりゃ、どげんしたことか〉

と不思議に思うて、おみつの家に行き、こっそりのぞいてみた。すると、おみつが下駄をはいとる。

〈下駄をはいて、おかしなことを〉

と思って見とると、おみつが転んだ。すると下駄から小判が出る。

びっくりした権蔵は、すぐに家に入ると、

「おみつ、おまえには、まだまだ貸しとるものがあるが、それを返してくれ。返せんのなら、その下駄をもらおう」

と言うがはやいか、おみつの止めるのも聞かず、下駄を持って家に帰った。

なにも知らん権蔵は、さっそく下駄をはいて転んだと。すると、小判がチャリン。

「いたた、いたた。ありゃ、金が出た、金が出たぞ」

権蔵は大喜びで、なんども転げた。そのたびに小判がチャリンチャリンと出た。おみつが後を追って来てみると、おじの権蔵が、なんども転げとる。これは、なんとかせねば、おじさんが小いそうなってしまうと、大きな声で、

「おじさん、おじさん、その下駄をはいて転ぶと、背が縮んでしまうけぇ、やめて」

と叫んだ。欲に目がくらんだ権蔵には、おみつの言うことも耳に入らず、下駄をはいて何度も何度もひっくり返っていた。

「いたた、いたた。じゃが、こんなに小判がたまったわい」

そして、来る日も来る日も、蔵に一人入っては下駄をはいて転んでいたと。

そのうち、蔵は小判で一杯になったが、権蔵は日に日に背が低くなり、とうとう小さな虫になってしもうた。おみつが権蔵を探したがどこにいるか分からなかった。小さな虫になった権蔵は、そのうち、どこへとものう飛んでいったそうな。

金が詰まった権蔵の蔵は、おみつのものになり、おっかさんと二人、一生幸せに暮らしたそうな。

権蔵がなった小さな虫は、それからゴンゾウ虫と呼ばれるようになったと。

昔こっぷり。

〈再話　神石高原町　横山　直子〈備後語りの会ふくふく〉〉

# 銭がカエルになる——一〇

昔々、ある村に、たいそうけちで、欲の深い金貸しがおったそうな。けちもけち、この金貸しときたら、情け容赦もなく金を取り立てるもんで、

「ありゃあ、鬼じゃ」

「あねえな金貸しゃあ、早うくたばってしまやあええ」

とみんな言うとった。

この金貸し、欲張りの上に、これまたたいそう心配性で、自分の銭が、もし火事になったらどうしょうか、泥棒に入られたらどうしょうか、どっかええ隠し場所はねえもんだろうかと、毎日、あっちい、こっちい探して歩いとった。

ある晩のこと、金貸しは、空《から》の甕《かめ》を見つけた。

「こりゃあ、ええもん見つけたわい」

と、喜んで甕の中に銭を入れて、裏の畑に埋めたんだと。そうして、甕を埋めるとき、

「こら銭や銭や。もし他のもんがお前を見たら、カエルになれよ。ええかカエルになるんじゃぞ」

と何度も何度も念を押すように言うた。

ところが、その様子を小便に起きた隣のじいさまが、しっかりと見てしもうたそうな。このじいさまは、いっつも金貸しにばかにされとったもんじゃけん、

「こりゃあ、ええとこ見つけたぞ」

言うて、甕の中の銭をみんな取って、代わりに畑で捕まえたカエルを何匹も入れて、知らん顔をしとった。

さて、次の晩のこと、金貸しは畑に行って甕を掘り起こし蓋《ふた》をちょっと開けた。すると、なんやら目が光っとる。

「こりゃ、わしじゃ、わしじゃ。カエルにならずに、元の銭になれよ」

言うて蓋を閉じて、またちょっと開けた。すると、今度はカエルが頭をのぞけた。金貸しがぶったまげて蓋を取ると、カエルがピョンピョン、ピョンピョン、あっちこっち跳んで行ったんじゃと。金貸しは、泣きべそかいて、

「わしの銭やあ〜い、わしじゃぞ、わしじゃぞ、待て待て」

とカエルの後をひょこひょこ追っかけて行ったと。

昔こっぷり。

〈再話　美作市　藤原　政子〈みまさか民話の会ほっこり〉〉

# うそつき太郎――一

むかし、あるところに大金持ちの旦那がおった。自分さえよければよいという、こすったれで、朝早くから夜遅くまで、下男たちを働かせておったそうな。

ある日、みんなからうそつきと言われとる下男の太郎は、朝露も落ちんまに山へ木こりにやらされたが、しばらくすると手ぶらで帰ってきた。早速旦那が、

「どうした。木を切ってこいと言うたのに」

と、どなると、

「山で猿が芝居をしょうりまして、こんな珍しものは、またと見られん思いましてなあ。仕事は明日でもできますけえ、旦那さんに知らせにゃあいけん思うて、帰って来たんじゃ」

と言ったと。

「またうそじゃろう」

「うそか本当か、行ってみりゃあ分かりますらあ」

「よし、ほんなら見に行こう」

旦那は、太郎と一緒に山へ登って行ったそうな。

「あの奥の岩へ登ったら見えますで」

旦那が、岩によじ登って見たが、猿の芝居どころか、猿もおりゃあせん。

「わしは木に登って見たんじゃ。私が手伝いますけえ、木に上がったら見えますで」

旦那は、高い木に登って周りを見回わした。

「どこじゃ、どこじゃ」

「ほれ、あのあたり。ちょっと待ってみんせえ。もうすぐ出てきて芝居をしますけえ」

旦那がじっと待っている間に、太郎は家にとんで帰ったと。

「大事《おおごと》じゃ、大事じゃ。旦那さんが山で大けがをされた。早ようみんな助けに行ってくれ」

太郎が大声で言ったので、家中大騒ぎになり、下男たちは、戸板を担いで迎えに出かけて行った。

太郎は、

〈やれうまくいった〉

と、大きな屋敷に大の字になって寝ておった。

迎えに行きょうると、旦那さんがひょろひょろ戻って来るのに出くわしたんで、いっぺんに太郎のうそがばれてしもうた。

「もう勘弁ならん。業《ごう》がわいてかなわん。太郎のやつを俵に入れて海へ投げちまえ」

太郎は俵に詰められ、担がれていった。しばらく行くと、俵の中でおいおい泣き出した。

「太郎、海に投げられるんで、命が惜しゅうて泣きょうるんか」

「命は惜しいこたあないが、貯めといたお金が惜しゅうて泣きょうるんじゃ」

「また、うそをつく」

「うそかどうか行って見い。裏の藪の中へお金を埋めとるんじゃ」

「もしあったらくれるか」

「ああ、墓へ持って行ってどうする。やるやる」

それを聞いた二人の下男は、俵をいきなりお堂の前に投げ出して、走って帰って行った。竹藪なので、掘りにくいのなんの。こらえて掘ってみたが何も出てくりゃあせんせん。

一方、太郎は俵の中で誰か通る者はおらんかと、耳をすませていると、人がやって来て、いきなり俵にけつまずいた。

聞いてみると、目が見えるように、お薬師様へお参りに行く途中だという。太郎は、

「何も遠くに行くに及ばん。わしも先頃まで目がよう見えなんだが、この俵の中で『目の願《がん》、目の願、おんころころせんだりまとうぎそわか』と唱えよったら、すうっと治って、よう見えるようになった。このお堂は俵薬師さんをお祀りしてあるんじゃ」

と言って、俵を解いてもらい、その人を俵に入れると、急いで俵の口を締めた。「目の願、目の願、おんころころと、何回も唱えるんで」と言って、太郎は、その場を逃げて行ったと。

そこへ下男が、真っ赤な顔をして帰って来て、

「このうそつきめ。何がお金なら。ただではおかんぞ」

と言って、すぐに俵を担いでいき、海に放り込んだ。俵は、あっという間に沈んでしもうたそうな。

何日かたって、太郎は鯖《さば》を買うて帰って来た。

「旦那さん、海で投げられたら竜宮に行けました。竜宮いうところはええところでな。きれいな乙姫さんに毎日酒や肴でもてなしてもろうて楽しかったでな。いつまでもと言われんじゃが、旦那さんに様子を話しとうて帰って来ました。土産にこの鯖をくれて、『ぜひ旦那さんにも来てほしい』と乙姫さんが言うとられました。行ってみなさらんか」

「そんな楽しいところか、行ってみたいのう」

「それなら旦那さん、私が案内しますで」

「そうか、案内してくれるか」

「案内します。ただ竜宮には石臼《いしうす》が無いんで、持って行けば喜ばれます」

「よし、今から行こう」

旦那は、すぐに行く気になったと。

太郎と旦那は石臼を背負って海に行き、だんだん深く海の中へ入って行った。

「旦那さん、もうすぐですけえ」

水が口まで来る深さの所で、太郎がいきなり後ろから押したので、旦那は石臼もろとも海の中に沈んでしもうたそうな。

太郎は、しばらく遊んでいたが、家に戻り、

「旦那さんは竜宮で乙姫さんに気にいられて『わしは一生ここで暮らす。お前はわしの女房と一緒に家をとりしきってくれ』と言われましたので、私だけ帰ってきました」

と言うたそうな。

それから太郎は、旦那の奥さんを女房にして、金持ちの旦那になって暮らしたんだって。

昔こっぷり。


（再話　津山市　海老原　誠子〈津山語りの会ぴんどろう〉）

# 大力持ち平四郎――一二

むかしむかし、高屋（井原市）に三鼓平四郎《みつづみへいしろう》という大男がいたそうな。並外れた力持ちだったので、人々は「力持ち平四郎」と呼んでいた。

ある日のこと、平四郎は、給金を二倍出すという約束で、金持ちの旦那から竹薮を開いて畑にするという仕事を頼まれた。ところが平四郎は薮のそばで昼寝ばかりして、少しも働かんのじゃ。そこで旦那が、たずねたと。

「平四郎、どこか体の悪いところでもあるんか」

「いやどこも悪いところはない。少しばかり腹が減って動けんのじゃ」

と平気な顔をしていう。

「それなら、平四郎、昼飯をしっかり食べて、元気を出して竹薮《やぶ》を開いてくれよ」

と言って、焼米《やっこめ》を一升出した。一升の焼米は、お茶をかけると三倍に膨らむんじゃ。平四郎は、その焼米をぺろりと平らげると、竹薮の竹をスポン、スポンと、まるで草取りでもするように、あっという間に抜いてしまったそうじゃ。

あるとき、平四郎が岡山の方へ旅に出て、真備《まび》（倉敷市）の川辺《かわべ》の渡しに差し掛かった。

そこには高梁川《たかはし》という大きな川が流れている。昔のことじゃけえ橋なんか架かっとらんかった。舟で渡らにゃいけん。平四郎が船頭に、

「向こう岸まで渡してくれえ」

と頼んだ。すると船頭は、

「もう終わった。今日はもう渡さんぞ」

と言ったんじゃ。平四郎は、

「それなら、この舟にはもう用がないな」

と言ったかと思うと、近くの柳の木に舟をつり上げてしまったんじゃ。平四郎の怪力に驚いた船頭が、

「舟を下ろしてくだせえ。向こう岸まで渡しましょう。どうか舟を下ろしてくだせえ。ところで、あなた様はどちらのお方で」

と恐る恐る尋ねた。

「渡してくれるのなら、舟を下ろしてやろう。わしは、備中高屋の者だが、お前のような、えらそうな奴は、こらやあせんど」

と言って叱りつけたんじゃ。それから後、

「備中高屋の者は舟賃はいりません」

いうて、ただで渡してくれたという話じゃ。


ある時のこと、福山の鞆《とも》の漁師が漁に出ると、備中の方から強い光が差してまぶしゅうて、まぶしゅうて漁にならん。あまりのまぶしさに、とうとう漁師たちは船を出すことができんようになってしもうた。いったい誰のしわざか、と大勢の漁師が光の差す方向を尋ねていった。高屋の奥の大仏《おおぼとけ》に祭られている観音様からで、門に立っている仁王様の眼光じゃった。漁師はお寺に参って、

「わしらは鞆の漁師じゃが、仁王様の光がまぶしくて漁ができません。どうか仁王様を海が見えない場所に下ろしてください」

と頼んだんじゃ。お坊さんも、

「そりゃ言われるとおりじゃ。下に金敷寺《かなしきじ》があるけえ、そこへ移しましょう」

と約束してくれた。しかし、あの大きな仁王様を、どうやって、誰が運びゃあということになった。そのころは、自動車も重機もない時代じゃ。いろいろ相談していたら、

「高屋の平四郎なら、力が強いけえ運んでくれるだろう」

ということになり、頼んだんじゃ。

大仏の仁王様は長さが三・五メートルもある。平四郎は二体の仁王様を背中合わせに重ねて、ぐるぐる巻きにして荷づくりして背負い、十六キロの細い曲りくねった山道を、途中で休みもせずに金敷寺まで運んだんじゃ。

光が差さんようになって鞆の漁師たちは大そう喜んだ。それから後、毎年春になると、漁師たちは大きな鯛《たい》を平四郎に贈ったという。

（再話　井原市　船引　恵子〈井原語りの会わわわ〉）

# ネズミの伊勢参り――一三

昔々、ある村のネズミが三匹集まってな、相談したんじゃ。

「去年は豊作じゃったけん(だったから)食べ物の心配はない。伊勢参りをしようじゃないか」

「行こう行こう。前からいっぺんお参りしたいと思うとったんじゃ」

「そういえば村の人達も伊勢参りに出かけたぞ。わしらも行ってみよう」

伊勢参りの相談がまとまって、腰にわらじをさげ、背中にゃあ弁当を負うて出発したんじゃと。

三匹のネズミが、チューチュー、チューチュー、チューチュー、にぎやかに旅を続けて、十日目にやっと伊勢に着いた。ずうーと歩きどうしだったので、すっかり腹ぺこになってしまったのじゃ。

伊勢の町をぶらぶら、ぶらぶら歩いていたら、餅《もち》屋があって、店先にゃあうまそうな餅が並べてある。

「あの餅を食べたいなあ」

「腹ぺこじゃ。買おう、買おう」

「もうすぐ宿じゃし、一つだけ買って、皆で分けて食べたらよかろう」

三匹はお金を出しおうて、餅を一つ買ったのじゃ。

「さて、大きな餅じゃなあ。誰から食べることにするかなあ」

「そりゃあくじ引きで、一番、二番、三番と決めたらどうじゃろうか」

「いいや、じゃんけんがすぐ決まるから、じゃんけんで決めたらよかろう」

食べる順番をじゃんけんで決めたのじゃ。

一番初めのネズミが食べようとすると、他のネズミが言うた。

「ちょっと待て。ただ食べるだけじゃ面白うない。何か一言文句を言うてから食べることにしたらどうか」

「そりゃあ面白い。そうしよう」

そこで一番初めのネズミが、大きな丸い餅を頭の上に差し上げて、

「この十五夜お月さんを三日月にして見せましょう」

と言ったかと思うと、大きな口を開けてガブッと食べた。餅は三日月の形になったんじゃ。

次のネズミは、三日月の形の餅を前に差し出して、

「三日月は、あっという間に山に隠れる」

と言って、ガブッと全部食べてしもうたんじゃ。後には何も残っとらん。

最後のネズミは、餅を食べることができんので、

「あーあーもうこの世は闇じゃ。真っ暗じゃ」

と言うて、チューチュー、チューチュー、チューチュー泣いたということじゃ。

昔こっぷり。

（再話　津山市　川上　恵美子〈津山語りの会いろりばた〉）

## 腰折れ地蔵――一四

奈義町の北に那岐山《なぎさん》と滝山《たきやま》という二つの高い山がある。その山すそに、是宗村《こりむねむら》という小さな村があった。村人たちは谷間に田畑を耕し、米や麦、野菜などを作り、山の恵みを受けて、つつましやかに暮らしておったと。

今からおよそ二百年ほど前のこと、是宗村に、八郎兵衛という分限者《ぶげんしゃ》の旦那さんがおられたのじゃ。旦那さんは村人を大事にするし、村人も旦那さんの言うことをよく聞いて、手伝いなどもしておった。

ある晩のこと、旦那さんが休んでいると、夢にお地蔵さんが出てきて、

「腰が痛い、腰が痛い、ああ痛い、痛い、痛い」

と言われるんじゃと。それが幾晩も続くが、どこにおられるお地蔵さんか見当もつかない。

早速、村人に集まってもらい、お地蔵さんの話をしたが、みんなもどこにおられるお地蔵さんか分からない。

いろいろ話していると、

「旦那さん、この裏山の中腹に、細尾《ほそお》城というお城があったと言われとる。その城跡を探してみたらどうじゃろうか。見当もつかんとしたら、村はずれの城跡じゃないかな」

みんなも城跡を探すことに賛成した。

次の朝、村人たちは鎌《かま》や鍬《くわ》などを持って集まり、急な坂道を登って、細尾の城跡に着いた。それぞれ手分けして探したけれど、お地蔵さんは見つからない。次の日も、その次の日も、あちらこちらを探して掘ってみるけど、地蔵さんを見つけることはできなかった。旦那さんは、

「みんなが一生懸命これだけ探してくれたが、見つけることが出来なかった。今日で探すのは止めよう。本当にすまなかった」

と村人に頭を下げ、みんなで山を下りていったんじゃ。

次の日、山に登ると言っていなかったのに、村人らは朝早くから次々と山に登り、お地蔵さんを探したんじゃ。

一人の村人が掘っていると、カチンと鍬《くわ》先に何か当たる音がした。〈何かあるぞ〉と思い、周りを掘ってみた。お地蔵さんのように見える。

「おーい、みんな来てみい。お地蔵さんだ。立派なお地蔵さんだ」

みんなでていねいに掘り上げ、谷川まで降ろしてきれいに洗った。そして旦那さんの家に持っ

て帰ったんじゃ。

「旦那さん、やっぱりお地蔵さんがありました」

それを見た旦那さんはびっくり顔。

「なんと立派なお地蔵さんじゃな。よく見つけてくれた」

と大変喜ばれた。旦那さんは村人に酒やご馳走をふるまい、お礼をしたんじゃ。

実はお地蔵さんは腰から上だけで、下はなかったんじゃ。旦那さんは〈これで、もう夢にお地蔵さんは出て来ないだろう〉と思って夜休むと、やっぱりお地蔵さんが出てきて、

「腰が痛い、腰が痛い」

と言われるんじゃ。旦那さんは、またその話を村人にしたんじゃ。すると、一人の村人が、

「今度は谷川の方を探してみようや」

と言ったと。

みんな次の日から川の周りを探し始めた。そして三日目のこと、

「おーい、お地蔵さんが川底に沈んどるぞ」

腰から下のお地蔵さんが見つかったんじゃ。

二つのお地蔵さんを合わせてみたら、ぴったりと合う。早速小さな社を旦那さんの家のそばに建て、お地蔵さんをお祭りしたんじゃ。

このお地蔵さんに、腰の痛い人がお参りしたところ、痛いのが治った。その話はすぐに広まって、社は大勢の人でにぎわったんじゃと。

しかし明治になって、是宗村は陸軍の演習場に接収された。一か月ほどで立ち退かにゃあいけん。みんな自分の家の引越しだけで精一杯じゃった。腰折れ地蔵さんの社のことなど、手が回らなかったんじゃ。

それからじゃな、お地蔵さんはどこに行ったか分からなくなってしもうたんじゃ。いま、奈義町の宮内に、腰折れ地蔵があるんじゃが、これが是宗村にあったお地蔵さんかもしれない。

（再話　奈義町　高村　漸〈なぎ昔話かたりの会〉）

エッセイ

# 私の『遠野物語』

市本えみ子

「昔あったずもな」で始まる『民話のふる里』岩手県遠野市の綾織で私は生まれ育ちました。今では珍しくなりましたが、実家にはまだ曲り家が残っています。板張りの床に囲炉裏があり、真っ黒に煤《すす》けた柱と天井、奥の座敷は昼でも暗く、何かが隠れていそうで、子ども心にとても恐ろしかったのを覚えています。お風呂や台所も木を燃やすので、煙で目が痛くなったり、水道は沢水を引いていたので、雨が降るとお風呂の水は黒く濁ってしまうのです。

また、冬の寒さはとても厳しく、家の中でも濡れた髪の毛や、干したタオルが凍るほどでしたが、晴れた朝には、ダイヤモンドダストがキラキラ輝いてそれはそれはとても綺麗でした。

そして、春には早朝より家族みんなで山に出かけ、ワラビ、ゼンマイ、カデナ、フキ、ミズ、ヤマニンジン、バッケ、シドケ、ノビルコなどの山菜を摘み、夏には、牛達を追って山の放牧場へ、秋には葉たばこの選別や茸採り、冬にはこも編み、縄ないなどの手伝いをしながら、昔話を聞いていたような気がします。

因みに、屋号は『猫石』ですが、そのいわれは、家の裏山にある大きな岩が、ある日突然「ニャゴーン」という大きな声とともに真っ二つに割れた、というものです。

また、地名である『綾織』についても、その昔、天女が舞い降りて、綾を織ったのがこの地であり、天女の衣が綾織で織られていて、それが寺に残っているそうです。

さらに、私自身も三歳の頃、家から急に姿が見えなくなって、探し回ったら、山裾にあるお稲荷様で一人で遊んでいたということで、きっと座敷わらしが一緒に居たのだろうと、後になって大人たちから聞かされました。庭には大きなイチイの木。その下に沢水をひいたカドがあり、きゅうりやトマト、スイカを浮かべ冷やしたものです。たまにきゅうりがなくなっていたのは、カッパの仕業だったかも……。

ともあれ、私も津山へ嫁いで二十六年。今度は岡山の昔話と出会ったことで、何か語ってみたくなり、語りを始めました。今では、四人の仲間と出会い、すっかり作州弁になり、県内にも仲間が増えました。いづが、遠野の昔話も披露でぎればいいんだがなあ。「どんどはれ」

（編集委員）

# 二　青葉いろの民話

あっちの山は日が照って
こっちの山は日が照らん
てるてる坊主に言うてやろ
（美咲町　水浴びで日が照らないときの歌）

# 桃太郎――一五

昔、あるところに、おじいさんとおばあさんがおったそうな。

ある日、おじいさんは山へ柴刈りに、おばあさんは川へ洗濯に行った。おばあさんが洗濯をしていると、川上から大きな桃が、ドンブリコ、ドンブリコ、ドンブリコ、ドンブリコと流れてきた。おばあさんが、桃を拾ってみると、たいそううまそうな桃だったから、

〈おじいさんとふたりで食べよう〉

と思うて、持って帰って、戸棚にしまっておいたと。

夕方になって、おじいさんが山から帰って来たので、おばあさんが言った。

「おじいさん、おじいさん、今日、川で洗濯をしよったら、うまそうな桃が流れてきたから、持って帰って戸棚にしもうとる。いっしょに食べようや」

「そうか、そりゃあ珍しい。よばりょうかのう」

おばあさんが、戸棚を開けようとした。ところが、どうしたことか、戸が開かん。なんぼう引っ張っても、押してもびくともせんから、

「おじいさん、戸を開けるのを手伝うてえ」

と言うて、おじいさんとふたりで、力いっぱい引っ張った。あんまり力を入れたので、戸がこわれてしもうたと。戸棚の中を見たら、桃から男の子が生まれとったそうな。

おじいさんとおばあさんは、たいそう喜んだと。

「うちには子どもがおらんから、うちの子にして育てよう」

「そうじゃ、そうじゃ。うちの子にしよう。桃から生まれたけえ、桃太郎という名前にしましょう」

そこで、桃太郎と名付けて、かわいがって育てたそうな。桃太郎は、ぐんぐん大きくなり、力の強い若者になったのじゃ。

ある日、桃太郎は、おじいさんと、山に木を樵《こ》りに行った。桃太郎は、おじいさんの二倍も三倍もたくさんの木を樵る。

そうして、帰りには、一抱えも二抱えもある大きな木を、根元から引き抜いて担いで帰った。

「おじいさん、この木をどこに置こうか」

「母屋の屋根にでも立てかけておけ」

「屋根に立てかけたら、屋根がこわれる」

「そんなら、前の畑にでも投げておけ」

「畑に投げたら、大根がつぶれる」

「そんなら、前の川にでも渡しておけ」

桃太郎が、その大きな木を川に渡すと、立派な丸太橋になった。

「こりゃあ一本じゃいけん。もう一本並べたら、ええ橋になる」

桃太郎は、次の日、山からまた大きな木を担いで帰り、並べて川に渡したそうな。村の人は、

「こりゃあ立派な橋ができた」

「川の中を渡らんでもええし、飛び石を伝って行かんでもええ」

「大水が出ても、渡れるぞ」

いうて、みんな喜んだそうな。

それからは、山からの帰りに、木を担いで帰ってきては、あっちこっちと橋をかけた。村人たちは、たいそう喜んでくれたのじゃ。桃太郎は、ますます力が強くなった。それから村人たちは、桃太郎に、力のいる仕事を頼みに来たと。

ある日、ひとりの百姓が、

「桃太郎さん、うちの田んぼの中に、大きな岩があって、仕事の邪魔になる。あの岩を取ってもらえんじゃろうか」

と頼んできた。桃太郎が行ってみると、田んぼの真ん中に、大きな大きな岩がある。

「これじゃあ仕事の邪魔になるのう。取れるかどうかやってみよう」

と、大きな岩に手をかけて、グッサ、グッサ、グッサ、グッサ、ゆすっておったが、そのうちに、岩の底からガサッと持ち上げた。

「さあ、この岩は、どこに捨てようか」

川へ投げ込んだところが、川がせき止められて、池のようになったのじゃ。

殿様が、その話を聞いて、

「そんなばか力のある者は、鬼ヶ島へ鬼退治に行け」

と、命令した。

桃太郎は、おばあさんに、百人力のきび団子を作ってもろうて、鬼退治に出かけて行った。

歩いて行くと、途中で犬が出てきたそうな。

「桃太郎さん、桃太郎さん、どちらにおいでですか」

「鬼ヶ島に鬼退治に行く」

「お腰のものは何ですりゃ」

「たいそううまいきび団子じゃ」

「一つくださりゃ、供をしよう」

「一つはやらん。半分やるから供になれ」

犬は、きび団子を半分もろうて、桃太郎と一緒に行ったそうな。

歩いて行くと、今度は、さるが出てきた。

「桃太郎さん、桃太郎さん、どちらにおいでですか」

「鬼ヶ島に鬼退治に行く」

「お腰のものは何ですりゃ」

「たいそううまいきび団子じゃ」

「一つくださりゃ、供をしよう」

「一つはやらん。半分やるから供になれ」

さるは、きび団子を半分もろうて、ついて行った。

またまた行くと、きじが出てきて、同じように、きび団子を半分もろうて、供になったそうな。

さて、鬼ヶ島の鬼どもは、桃太郎がやって来ると聞いて、

「あの力持ちの桃太郎が来たら、命も何もあったもんではないぞ」

と、岩穴の入り口をかたく閉めて、隠れてしまったんじゃと。

桃太郎は、鬼ヶ島に着いたが、鬼が隠れて、姿を見せん。そこで、百人力のきび団子を食べると、鬼ヶ島の岩に手をかけて、ガッサ、ガッサ、ガッサ、ガッサと、ゆすった。鬼ヶ島は、地震のように揺れ、岩は、ガラガラガラと崩れる。穴もつぶれる。鬼どもはみんな、あわてて穴から

出てきて、

「もう、悪いことはしません。桃太郎さんの家来にしてください」

と、手をついてあやまったそうな。

　桃太郎は、鬼どもに、

「家来になるんなら、みんなで、長い綱をなえ」

と言うて、太い強い綱を作らせた。その綱を、鬼ヶ島にくくりつけて、

「これから、この鬼ヶ島を、向こうの陸地まで引っ張って帰る。おまえたちは、綱を引っ張れ。

おれが後を押す」

　鬼どもは、ウンサァ、ヨイサァ、ウンサァ、ヨイサァと、力いっぱい引っ張る。桃太郎は、
後ろから、ヨイショ、コラショ、ヨイショ、コラショと、押した。

　鬼ヶ島は、ジワジワ、ジワジワ動いて、陸続きになった。それから鬼どもは、そこに住んで、
人々の役に立とうと、漁師になったそうな。

　その話を聞いた殿様は、たいそう喜んで、娘を桃太郎の嫁にし、ますます栄えたそうな。お
じいさんとおばあさんは、一生幸せに暮らしたと。

　昔こっぷり。

〈再話　吉備中央町　山田　敬子〈加賀語りの会どんぶらこ〉〉

## 絵姿女房――一六

昔、彦一というお人好しの男が暮らしておったそうな。ある日のこと畑を耕していると、それはそれは美しい娘がやって来て、

「旅のものですが一晩泊めてもらえませんか」

と、言った。

「泊めるのはいいけど貧乏で食べるものもないし、布団もろくなものがないけえ」

と、断った。娘は、

「何もなくていいから泊めてくださいませんか」

と、頭を下げるので、彦一は、

「それなら」

と、言って泊めてやったそうな。

夜になると娘が、

「あなたは、独り暮らしのようですが、私を嫁にしてもらえませんか」

と、言った。彦一は驚いたが、喜んで嫁にすることにした。

彦一は嫁が、あまりにも美しいので、その顔にずっと見とれてばかり。畑を耕しに行っても嫁のことが気になって、一畝《うね》打っては、家に走って帰り嫁の顔を見る。また畑に行って、一畝打っては、家に帰って嫁の顔を見るというありさま。畑仕事は一向にはかどらなかった。嫁はどうしたら仕事をしてもらえるだろうか考えたそうな。

〈そうじゃ。私の絵姿を描こう〉

と、一枚の紙に自分の絵姿を描いた。

「この絵は私と同じです。畑の桑の木の枝にでもはせて（挟んで）おいて、これを見て畑仕事をしてください」

と、彦一に持たせて畑に行かせたのじゃ。

彦一は、嫁の絵姿を畑の桑の木の枝にはせて、それを見ながら仕事をした。そして、ようやく畑仕事ができるようになったそうな。

ところがある日、空が急に暗くなったと思ったら、大風が吹いてきて、桑の枝にはせておいた嫁の絵が吹き飛ばされ、空高く飛んで行ってしまった。彦一は、

「待ってくれぇ」

と、追いかけたが、絵はどこかに飛んで行って分からなくなった。絵姿はひらひら天に舞い上

がりお城まで飛んでいった。たまたま庭に出ていた殿様がそれを見つけ、

「これはきれいな女じゃ、嫁にしたい。この女を探しだしてこい」

と、家来に言いつけたそうな。

家来は絵を持って村中探して回った。村の者に、

「この女を知らんか」

と、聞くと、

「それは彦一の嫁じゃ」

と、言うので、彦一の家に行った。

「殿様の言いつけだ、この女をつれていく」

と、無理やり嫁は家来に連れて行かれた。その時、嫁は桃の種を彦一に渡して、

「三年経ったら実がなる。桃がなったら必ずお城に売りに来てください」

と、泣きながら言い残したそうな。

彦一は大好きな嫁がいなくなり、悲しくて悲しくて何もする気にならなかったが、嫁の言い残したとおり桃の種を植えることにした。そして三年大切に育てた。三年目の夏、美味しい桃がなった。そこで桃をお城に売りに行くことにしたそうな。

その頃、お城では無理やり嫁にしたはいいが、嫁は泣いてばかり。この三年間一度も笑わな

いので殿様は困っていた。殿様は、

『嫁を笑わせた者にはほうびをとらす』

という立札をだした。早速国中から面白い芸や話をする者たちが集まってきたが、嫁はニコリともしなかったそうな。

そこへ聞こえてきた彦一の桃売りの声。

「桃～桃～桃はいらんかねぇ。三年越しの甘い桃～。一番おいしい桃はいらんかねぇ」

彦一の声を聞いたとたん、嫁は嬉しそうに笑い出した。それを見た殿様は、

「ほれ笑った笑った」

と、大喜び。すぐに彦一を呼んで、

「もう一度桃を売ってみせよ」

と、言った。嫁は彦一の姿を見て、また嬉しそうに笑った。

「桃～桃～桃はいらんかねぇ。三年越しの甘い桃～。一番おいしい桃はいらんかねぇ」

嫁はコロコロと声を上げて笑ったそうな。

殿様はもう嬉しくて嬉しくて、今度は自分が嫁を笑わそうと、彦一の着物と自分の着物を取り替えて、桃売りの姿になった。

「桃～桃～桃はいらんかねぇ。三年越しの甘い桃～。一番おいしい桃はいらんかねぇ」

と、庭を歩いたそうな。嫁はコロコロと笑った。

桃売りの姿になった殿様は、嫁が笑ってくれるのを見て、うれしくて、はしゃぐうちに、そのまま城の外に出てしまった。門番は、桃売りが帰ったのだと思って門を閉めた。

殿様は、あわてて門番に、

「わしじゃ、わしじゃ。桃売りじゃ。いやちがう。わしじゃ。門を開けろ」

と、言って、門をたたいたが、門番は、

「怪しい桃売りめが」

と、追い払ってしまったそうな。

こうして彦一は殿様になって、美しい嫁と一生お城で幸せに暮らしたそうな。

昔こっぷり。

〈再話　福山市　川相　節子〈備後語りの会ふくふく〉〉

## 娘と馬――一七

むかしむかしなあ。あるところに一軒の家があって、お父さんとお母さんと娘がおったそうな。その家には、馬を一頭飼っとった。毛並みのええ肉付きの立派な馬じゃった。娘はその馬がたいそう気に入っとって、毎日よう世話をしとった。餌をやったり、馬屋をきれいにしたり、四六時中馬の傍におったんじゃ。

何年かたって、娘は年頃になった。それなのに、相変わらず馬の世話ばあしょうる。ええ縁談があっても聞こうとせん。とうとう娘は、馬屋で寝るようになってしもうた。怒ったお父さんは、娘を馬のところへ行かさんように、部屋へ閉じ込めてしもうたんじゃ。

そうしたら、ある日のこと、馬が木戸をはねて娘の居間の外まで来た。びっくりしたお父さんは、

「この畜生が」

言うて、馬を引っ張って川原へ行き、斧でバサーっと切り殺してしもうた。死骸の、肉や骨は川原へ埋《い》けて、皮は、なんか使い道があるかと思うて、石をすけて（上に載せて）、川に晒《さら》しておっ

たと。

何日かして、そのこと知った娘は、馬がかわいそうで、かわいそうで、川原へ行って泣くばっかりしょうた。

「むごい目におうて、かわいそうなことを」

言うて泣きょうた。

そうしたら、ちょうど、その時、川に晒してあった皮が、ぶるぶるっと震えたか思うたら、ふわっと舞い上がって、娘にくるっと巻きついて、そのまま川の中へどぼーんと沈んでいったそうな。

しばらくして、娘がおらん言うて、お父さんと、お母さんが探しょうたら、川の底に沈んでおる娘をみつけたんじゃ。引き揚げてみたら、馬の皮に包まれて娘は、何とも言えん幸せそうに笑うとった。お父さんと、お母さんは、そんなに馬のことが好きじゃったんか言うて、馬の皮に包まれたまま娘をお墓に埋めてやったんじゃ。

そうしたところ、次の年、娘の墓から、木が生えてきたそうな。お父さんと、お母さんは、

「ああ娘の生まれ変わりじゃ」

言うて大切に育てとった。木はずんずん大きゅうなって、緑の葉っぱをぎょうさんつけた。

「あーこりゃあ娘も、馬を殺したお父さんを許してくれたんじゃろうか」

いうてお父さんは思ようた。

ある日のこと、木に行ってみたら、ぎょうさんの虫がついとる。お父さんと、お母さんは、この虫をどうしようか思ようる間に、虫が葉っぱを全部たべてしもうて、真っ白な繭になったと。

「こりゃあ、きっと、娘が残してくれたんじゃろう」

言うて、全部持ち帰って、鍋で煮たら、きれいな糸がとれた。それで娘の晴れ着を作ってやって、娘の霊をまつってもらおうと、神社に供えたそうな。

むかしこっぷり。

〈再話　井原市　井上　智恵〈芳井語りの会でんでんむし〉〉

# うりひめ――一八

昔むかし、あるところに、お爺さんとお婆さんがおったそうな。お爺さんは山へ木を切りに、お婆さんは川へ洗濯にいったそうな。

お婆さんが洗濯をしとったら、川上から、

どんぶらこっこ　すっこっこ、どんぶらこっこ　すっこっこ

と、うりが流れてきたそうな。

お婆さんは、

「こりゃ　大きなうりじゃが」

と、拾いあげて、家に持って帰った。

晩方になって、お爺さんが山から戻ってきたら、

「お爺さん、えらかったろ（きつかっただろう）。今日は、川でええ土産物を拾ってきたで」

と、うりを抱えてまな板の上に載せたんじゃ。

お爺さんは、

「こりゃ、おいしそうなうりじゃなあ。一緒に食べよう」

お婆さんが包丁を入れようとしたら、うりが二つに割れて、女の子が産まれてきたそうな。

「ありゃ、こりゃ、まあ、なんと可愛らしい女の子じゃ」

「お婆さん、家には子どもがおらんけえ、うちの子にして育てようじゃあないか」

「うりから産まれたけえ、名前をうりひめにしよう」

それから、お爺さんとお婆さんは、

「うりひめや、うりひめや」

と、可愛がって大切に育てておった。

やがて月日が経ち、うりひめはきれいな年頃の娘さんになったそうな。うりひめは、お婆さんから教えてもらった機織りもすぐに覚えて、毎日毎日機を織ったんじゃ。

〽爺さん　さいがない

婆さん　くだがない

ぎっこん　ばったんこ

それから、うりひめの機織りが村中の評判になり、それが隣の村まで広がって、金持ちの息子が、うりひめを嫁に欲しいと頼みに来たんじゃ。

ある晩のこと、お爺さんとお婆さんは、うりひめを呼んで言ったと。

「うりひめや、明日は嫁入りの着物を町まで買いに行ってくるけえ、留守番を頼むで」
「このあたりにゃ、あまのじゃくと言って悪い男がおるけぇ、来ても、この戸を開けたらいけんで。わかったな」
翌日の朝早く、お爺さんとお婆さんは、町へ出かけていったんじゃ。うりひめはいつものように、
〽爺さん　さいがない
婆さん　くだがない
ぎっこん　ばったんこ
と、一生懸命機織りをしょうたんじゃ。そこへ、
「うりひめさん、うりひめさん、一緒に遊ぼうやぁ」
と、あまのじゃくがやって来た。
「うりひめさん、ちょっと、この戸を開けてえなあ」
「今、機織りをせんといけんので遊ばれん。それにこの戸は開けたらいけんと言われとる」
「ちょっとくらいええが、一緒に遊ぼうな。この戸を開けてえなあ」
「この指が入るだけでええけえ、開けてえなあ」
うりひめは、あまのじゃくが、あまりしつこく言うもんじゃけぇ、

「ほんなら指が入るだけでぇ」

と、あまのじゃくの手が入るほど開けたところ、戸をがらりと開けて入ってきたそうな。

「うりひめさん、柿を取って一緒に食べようや。なあ、行こうやあ」

うりひめは、柿をちょっと食べてみたくなったので、ふもとの柿畑のところについて行ったんじゃあ。

あまのじゃくは、柿の木にするすると登って、柿を取ってはムシャムシャ食べとる。

「あまのじゃくさん、私にも柿を取ってつかあさい」

「ほんなら、おまえはこれでも食え。こりゃあ、柿の種」

と、柿の種を投げつける。

「あまのじゃくさん、私にも柿を取ってつかあさい」

「ほんなら、おまえはこれでも食え。こりゃあ、柿の種」

と、また種を投げつける。

「あまのじゃくさん、種ではなく柿の実を取ってつかあさい」

「ほしけりゃあ、自分で取って食べぇ」

「わたしは、きれいな着物を着て、木に登ることができん」

「そんなら、取り替えしよう」

と、あまのじゃくは柿の木から下りてきて、うりひめの着物と取り替えたんじゃあ。そうして、あまのじゃくの汚い着物を着たうりひめを、縄でしばって柿の木につるして、うりひめになって家に戻ってきた。家の中に入ると、

〽爺さんさいがない
　婆さんくだがない
　じいくら　ばくら　ぎっこんばったんこ
　じいくら　ばくら　ぎっこんばったんこ

と、機を織り始めたんじゃあ。

そこへ、お爺さんとお婆さんが、町から花嫁衣装を買って帰ってきたんじゃあ。いつものうりひめの機織りの音とは、ちょっと違うと思ったけど、

「うりひめや、今帰ったでえ。留守番ありがとうなあ」
「明日は、婚礼じゃけえ、早よう休んだほうがええで」

そう言って休んだんじゃ。

次の朝、きれいな花嫁衣装に着替えたあまのじゃくは、何くわぬ顔で、駕籠《かご》に乗っていったんじゃな。ふもとの柿の木のところまで行くと、トンビが飛んできて、

〽ピーヒョロ　ピーヒョロ

うりひめは柿の木に　あまのじゃくは駕籠の中
と、鳴くのじゃ。

　お爺さんは、おかしなことをいうて鳴くなあと、ふっと柿の木を見上げると、なんと、うりひめがあまのじゃくの汚い着物を着て、縄で縛られ、つりさげられとる。

「なんと、かわいそうなことをするもんじゃ」

と、すぐにうりひめをおろしたんじゃ。そして、駕籠の中のあまのじゃくをみつけると、

「この、あまのじゃくめ。うちの大事なうりひめを、こんなひどいめにして、もう許さんぞ」

と、ひきずりだした。お爺さんとお婆さんは、両方からあまのじゃくの手と足を持って引っ張ったんじゃあ。そうしたら、あまのじゃくの体が引き裂かれてしもうた。そこで片方の体はカヤの中に投げ込み、もう片方の体はソバ畑に投げ込んだそうな。あまのじゃくの血がカヤとソバの根元について、今でも、カヤとソバの根元が赤くなったんだって。

　昔こっぷり。


（再話　福山市　藤本　和美〈備後語りの会ふくふく〉）

# 首三つ――一九

昔々はな、どこの百姓家にも牛がおったものじゃ。そんな昔のことじゃ。

牛は大事な大事なもんじゃった。牛がおらにゃ田や畑が耕せん、荷を運ぶにも困る。じゃあけん牛を大切にした。

牛の餌《えさ》は草じゃ。夏のあいだは、朝草《あさくさ》いうて朝早うから草刈りをするのも、百姓の大事な仕事じゃった。冬には草が生えんけん夏の間にしっかり刈って、干し草にしとくんじゃ。じゃけん草がいっぱいいるけんな、村と村の草刈り場の境はきっちりとしてあった。

ある年の夏のことじゃった。青々と気持ちように伸びた草が、しっとりと露を含み、草刈りにはちょうどええ朝じゃった。川西村の衆が四、五人来て、川東村の山裾で草を刈りよった。そこは川西村の草刈り場じゃけん何も文句は言えんのじゃが、川東村の衆には気分が悪いことじゃった。そこでちょっといたずら気を出したんじゃな。

川西村の衆をびっくりさしてやろうと、山の上から石を転がしたんじゃ。そしたら運の悪いことに、草刈りをしょうた川西村の衆にあたったんじゃ。せえで三人の者が死んだ。さあ川西村の衆が怒るまいことか、どえらい怒った。

「どねえしてくれるんなら。元に戻せにゃ、お前とこからも首を三つ出せ」

と怒鳴り込んで来た。さあ川東村の衆は困り果てた。村の衆が集まって話し合うたが、村の者で首を出す言う者はおらん。すると一人が、

「村のお堂に住みついとる、物乞いらを差し出すと言うのは、どうじゃろう」

と言うたんじゃ。みんなもそうしようと言うことになった。

ところが、そのことを物乞いらが知り、お堂から逃げだした。逃げて逃げて村の中を流れる小川を震えながら渡って逃げたそうな。しかし、とうとう三人は捕まり、その首が川西村へ渡されたのじゃ。

川東村の衆は、なんとも申し訳のないことをしたと、三人を憐れんで、その体は首のある川西村が見える所へ葬ったということじゃ。

その後、物乞いらが震えながら渡った小川は、ふるい川といわれるようになり、今も昔のように流れとる。

美作市のある村で起った話じゃと。


（再話　美作市　山本　美枝子〈みまさか民話の会ほっこり〉）

# 仙隠れの池――二〇

勝央町美野《みの》は、広い平野になっている。その広い平野の中ほど辺りにちょっとした丘があり、北側の那岐山《なぎせん》を、一望できる見晴らしのよいところじゃ。

丘の中の、ちょっとした窪地に池があり、池の周りは、大きな木がうっそうと茂り、昼間でも薄暗いところなのじゃ。

見晴らしのよい丘から、池まで来ると、窪地のため那岐山が見えなくなる。それで、その池を仙隠れの池と呼ぶようになったといわれとる。

池の土手は、梶並［現在美作市］から勝間田への近道にもなっていた。

ある時、馬子どんが、因幡から馬を引いて、池の土手にやってきた。粉挽き臼を馬の背に載せて運んできたのじゃ。

昔は、重たい荷物を、牛や馬の背中に載せて運んでいた。牛や馬で荷物を運ぶ人のことを、牛方《うしかた》とか馬方、又は馬子どんと呼んでいた。

この馬子どんは、子どものころの怪我《けが》で、片目が見えなくなっていたが、仕事には差し支えなかった。

さすがの馬子どんも、因幡からの長旅で、くたびれていた。

「おまえも重たい石臼を背負うてさぞえらかろう。この丘を越えたら一休みするからな」

美野のあたりは、昨夜の雨で道はぬかるんでつるつる滑るし、泥が足にくっついて歩きにくいのじゃ。

馬子どんは足元に気をつけながら池の土手を歩いていたのじゃが、馬がつるっと足を滑らせ、池の中に滑り落ちそうになった。びっくりした馬子どんは、馬の手綱を引っ張り、必死になって引き上げようとしたが、逆に馬子どんも池の中に引き込まれた。もがけばもがくほど深みに入り、とうとう馬もろとも池に沈んでしもうたんじゃと。

その後、仙隠れの池で釣りをすると、片目の魚が釣れるようになった。馬子どんの生まれ変わりじゃと。そして、片目の魚が釣れると、必ず雨が降るともいわれている。

雨の日に池のそばを通ると、
ゴーロン　ゴーロン　ゴーロン　ゴーロン
池の中から石臼を挽くような音が聞こえてくる。それは、馬の背中に載せていた石臼を、馬子どんが池の底で挽いている音じゃと。


（再話　勝央町　浅田　あけみ〈勝央民話を語る会ちゃんちゃんこ〉）

# 道祖の竜——二

今からおよそ六百年前のことです。備中《びっちゅう》荏原《えばらの》荘《しょう》の地頭、那須《なす》氏は、現在の井原市西江原町才児《さいちご》に先祖供養のためお寺を建てられました。そして永祥寺《えいしょうじ》と名付け、はるばる能登国（石川県）にある曹洞宗本山の総持寺《そうじじ》から、実峰良秀《じっぽうりょうしゅう》という名高い和尚を招き、永祥寺の住職になってもらいました。

そのころの才児一帯は、池や沼が多い土地で、永祥寺のほとりにも大池とよばれるとても大きな池があった。実峰和尚は、いつも夜になると、大池のそばの石に座ってお経を唱えていた。ところが、しんしんと冷えるある冬の夜、和尚がいつものようにお経を唱えていると、ホワーンと生ぬるい風が吹いてきた。何か不気味な気配を感じ、後ろをふりむくと、そこには赤い唇をした十歳くらいの可愛らしい男の子が、ちょこんと座っていた。

びっくりした和尚は、その子どもをぐっとにらみつけて、

「おまえは、一体何者だ。こんな夜更けに子どもが何をしている。ただの子どもではあるまい。私の心を惑わし、祈りの妨げをしようとする怪しい者め、すぐに正体を現さないと許さんぞ」

と一喝した。すると、男の子は可愛い声で答えたそうな。

「和尚様の目の鋭さには、いまさらながら恐れ入りました。私は、大きな望みを持っていますが、力が足りなくて果たすことができません。そこで、あなた様のようなえらいお方にお願いして、私の望みを叶えていただこうと思い、こうしてやって参りました。何を隠しましょう、私はこの池に永年住みついている竜でございます。今まで野山に住む鳥や獣、村の人たちが飼っている家畜はもちろん、ときには可愛い女の子まで捕えて食べていました。村人が、この大池には魔物が住んでいると言って恐れているのは、私のしわざでございます。

しかし、私にとりまして、この池の底は、一生住むところではございません。いえ、住んではいけないと考えるようになりました。許されるならば、天の竜王様のもとでくらしたいと思っています。しかし、私がどんなに大きな望みをいだいても、今まで犯した多くの罪のため、私の神通力は衰えてしまい、雲を呼んでも雲はおこらず、風を呼んでも風は吹かず困っています。

そこで、あなた様のような徳の高い和尚様にお願いし、御仏《みほとけ》の力によって私の罪をはらっていただき、元の神通力に戻していただきたいのでございます。そして、天に昇る望みを遂げさせていただきたいのでございます。そうすれば、ご恩返しに、この池を一夜にして切り開き、秋には黄金《こがね》の稲穂の稔るりっぱな田んぼにいたしましょう」

子どもは、涙を流さんばかりにして頭を下げたそうな。

その姿に竜の本心を感じた和尚は、はっきりとした口調で言ったそうな。

「そうか、わかった。では明日の夜、おまえのほんとうの姿、竜の正体となって現れよ。そうすれば、おまえの願いを叶えてやろう。いいか、明日の夜だぞ」

その言葉に、男の子は、すっかり安心したような顔をして、暗闇にすうっと姿を消したそうな。

次の日の夜、体の長さ七・八メートルぐらいもある大きな竜が、らんらんと目を輝かせて和尚の前に現れた。

和尚は、約束どおりお経を唱え始めた。一心不乱に読経する和尚の前で、竜は頭《こうべ》をたれて静かに耳をかたむけていたが、お経が終わると、ゆっくりと池の中に入っていった。

すると、にわかに、池の底から大きな波がわき上ってきた。空にはまっ黒い雲がうずまき、雷はとどろき、やがて大粒の雨が滝のように降って大嵐になった。すると先ほどの竜がその黒雲にうち乗り、池の水とともに、〈ザッザッザーゴーッ〉と天に昇っていったのだ。

一夜が明けた。

大池は姿を消し、一面の湿地は立派な田んぼになっていた。その後、その田んぼは、豊かな稔りをもたらし、才児の人たちは、安心して平和に暮らせるようになったそうな。

人々は、竜を、この地の守り神として祭りあがめるようになったそうな。

昔こっぷり。

〈再話　井原市　小林　映子〈井原語りの会わわわ〉〉

# 紺屋ぎつね──二二

ちょっとむかしのことじゃあ。

津山の城下の田町と紺屋町《こうやまち》の境に大溝《おおみぞ》があったんじゃあ。その一角に小さなお稲荷さんがあって、近くの人はいっつも油揚げなどのお供えをして、お祭りをしておったと。

そのあたりで、夜、一杯飲んだ男が、よくキツネに化かされておったんじゃあ。そのキツネは、いつとはなしに明八《みょうはっ》つあんと呼ばれておった。

ある晩のこと、ひとりの男が酒を飲んで、上機嫌でふらつきながら帰っていると向こうから、きれいな女がやってきた。男が、あんまりべっぴんなので見とれていると、女が、

「兄《あに》さん、兄さん、足元がふらついてますよ。世話ぁないんかな」

と声をかけた。

「へっへっへー、一杯飲んで来たんじゃあ、世話ぁない、世話ぁない」

そう言いながらも、ふらふらと足元がおぼつかない。

「それごらんなさいな。ふらついてるじゃあありませんか。もしよかったら、私の家《うち》でひと休

みしていきませんか。ほら、すぐそこですから」

「いやあ、ぼつぼつ帰るけん、ええわ」

　男がそう言うと、

「まあまあ、そんなこと言わずに」

と、男の手を引いて女の家に連れて行った。

「さあさあ、狭いところですが、どうぞ上がって下さいな。そうそう、ちょうどいいお湯が沸いているので、お風呂に入っていきなさいな」

「いやあ、そりゃあ遠慮しとくわ」

「そんな遠慮はいりませんよ。汗を流して、さっぱりなさいな」

　男は鼻の下をのばして、そこまで言うならと、風呂に入った。なるほど、いい湯かげんで、鼻うたをうたいながら湯につかっていると、

「おい、あんたぁ、そこで何ぅしょんなら」

と声がした。声の方を振り向くと、一人の男が笑いながら立っておる。

　男は、ふと正気に戻り、あたりを見回してみると、何と、風呂ではなく大溝だった。溝の汚ないどぶ水をいい湯だと思って、体にかけておったんじゃ。

　男はまんまと明八っあんに化かされとったんじゃなあ。

〈再話　津山市　栗井　美津代〈つやま民話の語りでんでこでん〉〉

# 人形峠──二三

昔、上斎原（鏡野町）から因幡《いなば》の三朝《みささ》に越える峠に、蜂の大王がすんでおったそうな。大王は体の長さが三メートルもあり、峠を越える旅人を襲っては血を吸い取るのじゃ。もちろん、襲われたら誰も生きて帰ることはできん。

「どうか蜂の大王が出ませんように」

旅人たちは、祈りながら峠に向かっておったそうな。

ある日、ひとりのお坊さんが通りかかって、蜂の大王のことを村人から聞いたんじゃ。

「それは難儀なことじゃのう」

お坊さんは数珠を繰りながら、お経を唱えたそうな。

「この間も、お侍さんが、退治してやろうと峠に向かったのですが、なにしろ相手は空を舞うすばしこいやつ、お侍さんは戻ってこなんだ」

「お坊さん何か、いい手だてはないものでしょうか」

すると、しばらくお経を唱えながら考えていたお坊さんが、

「それではこうしなさい。できるだけ本物の人間に見えるような、大きな人形を木で作って、峠に立てるのじゃ、三日もすれば蜂は死ぬじゃろう」

と言うたんじゃと。

村人たちは、お坊さんに教えられたとおり、木で人間の大きさの人形を作って峠に立てたんじゃ。そうして、三日後に峠に行って見ると、なんと、人形のそばに、お化けのような蜂が死んでおったそうな。木で作った人形を、本当の人間だと思い、血を吸おうと何度も何度も襲い、ついに力尽きたのだろう。

村人たちは、その人形を峠に埋めて、峠の守り神にしたと。それから、この峠を人形峠と呼ぶようになったんじゃて。

（再話　鏡野町　小椋　勤〈鏡野語りの会かじか〉）

# 子安の観音――二四

元禄元年といえば、今からおよそ、三百三十年余り前のこと。

そのころ、土居村《どい》（現真庭市）に与一夫婦が仲よく暮らしていた。

身ごもった女房は、十月十日《とつきとうか》の産月を迎えた。暑い七月のことじゃ。与一は喜こんで、子どもが生れてくることを楽しみに待っておった。

ところが、産気づいた女房は、それはそれは難産で、ひどい苦しみようじゃった。与一はただおろおろするばかりで、何も出来なんだ。今のように医者も、産婆もおらず、途方に暮れておった。

そんなおり、たまたま諸国を巡って修行をしている修験者に出会ったんじゃ。

「実は、いま女房が産気づき難産で苦しんでおります。わしは、どうしてやることも出来ず困っています。何とか救ってくださらんか。どうか力を貸してください。お願いします」

話を聞いていた修験者は、懐から観音像を取り出して、苦しんでいる女房のそばで、懇ろに観音経を上げて祈願した。するとどうじゃ。不思議なことに女房の難産の苦しみは収まって、

元気な元気な玉のような男の子が生れたんじゃ。与一は喜んで喜んで、

「ありがたい。ありがとうござんした」

そう言うて、何度もお礼を述べたんじゃ。そうして、

「どうか、そのありがたい観音様を祭って供養させて頂きたい」

と一生懸命に頼んだと。

修験者からもらい受けた観音像は、村にお堂を建てて祭った。この話が遠く近くに伝わって、やがて多くの人が、お参りするようになった。

そんなある日のこと、諸国を巡る一人の修験者が来て、一晩の宿を頼まれたんじゃ。お堂に泊まった修験者は、あろうことか観音様を盗んで逃げていった。ところが、村境のヨホシ岩（旧美和《みわ》村、現在の真庭市三崎《みさき》、大庭《おおば》、川東《かわひがし》の境）まで逃げ、村を出ようとすると突然腹が痛くなり、歩くことさえ出来んようになった。ところが、観音堂の方に後戻りすれば腹痛が治まり、村内では楽に歩ける。何回繰返しても同じじゃった。修験者はこの不思議は、観音様のお力によるものだと、もとのお堂に観音様を戻し、悪いことをしましたと断わりをし、許しを乞うたと。

それから村人の信仰はますます深くなって、霊験あらたかな観音様として祭られた。

御本尊様は千眼千手観音で、子安の観音様として信仰されているんじゃ。

諸国を巡っていた修験者と、与一が出会った日が七月十日じゃったことから、この日を縁日

として、今も祭られているのじゃ。

〈再話　真庭市　川端　よね子〈真庭語りの会てるてるぼうず〉〉

# 踊り踊らば大宮踊り――二五

旭川《あさひがわ》の上流に、ごんご渕《ふち》という深い渕があったそうな。そこにゃ、ごんご（河童）の一家が住んどった。

ある日、ひらめ釣りをする村の若いもんが、

「ごんごの渕に、そりゃあどうらい（立派な）手水鉢《ちょうずばち》がある」

と言うたそうな。

「大宮《おおみや》様の境内に、ちょうどええなら、大宮様には手水鉢がなかったけえ、いっちょみんなで引き揚げたがええがやあー」

とすぐ相談がまとまった。

「よっこらしょ、どっこいしょ」

「よっこらしょ、どっこいしょ」

「こりゃあ、ええ手水鉢じゃ、大宮様も喜ばれるで」

村中総がかりで、手水鉢を川底から引き揚げて、大宮様に運んだ。

その夜、渕ではごんごたちが大騒ぎ。

「なんと、昼寝の間に、親分の座る腰掛けが、おらんようになった。誰が盗んだんじゃろうか」

川原に遊びに来た子どもに、年寄りのごんごが、

「腰掛けの格好をした石を知らんか」

と聞いたら、

「今日昼間、大宮様へお供えしたで」

と答えたげな。すると親分が、

「そりゃあ、取り返さにゃあいけん」

ということで、ごんごの若い衆が取り返しに行くことになった。

「誰ぞ、大宮様に人がいちばん来ん日を、たずねてこい。けんかになってはどうもならん」

ちょうど橋の上を通りかかった人に、使いのごんごがたずねたそうな。

「大宮様に人が一番来ん日はいつだろうか」

その人は神主さんだったので〈ははあ〜〉と、すぐ返事した。

「八月十五日と十七日の晩だがな」

さっそく神主さんは、村の人に相談した。

「ごんごが手水鉢を取り返しに来る。八月十五日と十七日の晩じゃ。手水鉢の番をせにゃあ」

村人たちは、手水鉢の番をしておったが、退屈なので、歌をうたったり、踊りを始めたげな。八月十五日の晩に、ごんごらが大宮様に押しかけてみたら、村中の人がにぎやかに踊っていた。八月十七日の晩もそうじゃった。

毎年毎年、村中の人は、その晩になると、大宮様で踊り明かして、手水鉢の番をするんだそうな。今でもやめられん。

これが蒜山《ひるぜん》大宮踊りのはじまり、はじまり。

昔こっぽりとびのくそ。

（再話　真庭市　進　眞澄〈蒜山語りの会おきなぐさ〉）

〈注〉大宮様（福田神社）は真庭市蒜山中福田にある。同神社では、盆月十五日と十七日に、国の重要無形民俗文化財に指定されている盆踊り・大宮踊りが踊られている。現在は、月遅れの盆の八月十五日と十七日である。手水鉢は随神門を入った右側にある。

# 天道さん金の綱――二六

昔あるところに、お母さんとふたりの子どもが暮らしておったそうな。

ある日、お母さんが、

「今日は町ぃ買物ぃ行ってくるけえ、ふたぁり仲ように遊んで留守番をしとれいよ。みやぎょう（土産を）買うてきてやるけえなあ。そいで帰りが遅うなるかもしれんけえど、だれが来ても戸を開けるなよ。山ん婆が来たらきょうとい（恐ろしい）けえな」

いうて出かけた。

日が暮れても、お母さんは帰ってこん。

「はよう戻ってこんかなあ。なにゅうみやげぃ買うてきてくれるかなあ」

いうて待っておると、山ん婆がやって来て、

「お母さんが戻ったぞよう。はよう戸を開けてくれえ」

いうて戸をとんとん叩く。小さい子が飛んで行って開けようとすると、大きい子が、

「開けたらいけん。その声ゃあお母さんじゃあない。山ん婆かもしれん。お母さんはもっとき

れえな声をしとる。そがぃながらがら声じゃあない」

いうと、山ん婆は、

「いんにゃ、いんにゃ、お母さんだ、お母さんだ。町から歩きづめだったんで喉《のど》が渇いてしもうて、そいでこがぃながらがら声ぃなってしもうたぁや。なにぃ井戸水ぅ飲んだらじきぃ直る」

いうて、また、しばらくして戸を叩いて、

「開けてくれぇ、こんだぁお母さんの声だろう」

いうて、お母さんのようなきれいな声で言う。

「ほんなら、お母さんかどうか手ぅ出いてみぃ」

大きい子が言うので、山ん婆が戸のすきまから手を出すと、毛むくじゃらのがさがさの手だ。

「お母さんの手ゃあそんなんじゃあない。もっとつるつるしとる。おまえはお母さんじゃあない。山ん婆だ」

「いんにゃ、いんにゃ。お母さんだ、お母さんだ。町でようけえ買物をして帰りょうたら、乢《たわ》でころんで手ょうすって、泥や砂がついてしもうたぁや。水で洗うたらきれえになる。そがぃ言うんなら待っとれい」

いうて、山ん婆は井戸へ行った。井戸のそばのずいき（里芋）の葉をちぎって、指に巻いて戻ってきて、

「手ょう洗うてきたぞ、きれいになったろうが」

いうて戸のすきまから指を出した。子どもがさわってみると、お母さんの指のようにつるつるしとる。

「お母さんの手だ、手だ。じきぃ開けるけえ」

いうて戸を開けた。家へ入った山ん婆は、灯もつけずに、

「さあ、もう寝よう寝よう。みやげはあしたの朝ま明るうなってからだ」

いうて、ふたりの子どもを無理やり連れてねや（閨・寝床）に入って寝てしもうた。

　夜中ごろに大きい子は、コリコリいう音で目を覚ました。お母さんが何かを食べとるような音だ。

「お母さん何ゅう食ようるんなら」

「こうこうを食うとるんだ」

「私ぃもひと切れちょうだい」

「子どもが食うようなもんじゃあない」

いうて、ええ音をさせて食べる。

「そいでも、ひと切れちょうだい。私もほしい」

「そがいに言やぁひと切れやろう」

ひと切れもろうてみると、なんとこうこうではない。人間の指だ。小さい子の指だ。大きい子はびっくりしたふうもみせずに、

「このこうこう、固うて食えれんけえもうええ」

いうておった。

しばらくして、

「お母さん、しっこがでるけえ便所ぃ行く」

「しっこならそこぃせえ」

「今まで布団にゃあしたことがない」

「そんなら庭ぃせえ」

「庭ぃもしたことがない。便所ぃ行く」

「ほんなら便所ぃ行ってこい。そのかわり縄ぁつけておくぞ」

いうて、縄で体をくくって便所に行かしてくれた。子どもは便所へ行くふりをして、便所の柱に縄をくくりつけて外へ出て、大きな柿の木に登った。

山ん婆はなんぼう待っても子どもが帰ってこないので、声をかけた。

「まだしっこをしとるんか」

「まだまだ」

便所の神様が、返事をしてくれた。

「まだか、まだしっこをしとるんか」

「まだまだ」

返事だけで一向に帰ってこないので、縄を引っぱってみた。動かん。力を入れてみたがやっぱり動かん。あわてて便所へ行ってみると、縄は柱に結びつけられている。さては逃げられたかと、周りを探しても見当たらない。あっちこっち探していると、月に照らされた池の中に子どもの姿が映っとる。

「はよう上がってこい。おぼれてしまうぞ」

いうて、棒で引っ張り寄せようとすると、波で姿が消えてしまう。何回しても姿が消えるので、山ん婆が腹を立てていると、木の上の子どもがくすくすと笑うてしもうた。山ん婆が気づいて、

「ありゃあ、そこぃおったんか。あぶないけえ下りてこい」

「下りぃいうても下りん」

「あぶないけえ下りぃ」

「下りん下りん」

「ほんならどがいして登ったんなら」

「あ、あ、あぶら」

山ん婆は手と足に油をべたべた塗って、木に登ろうとした。滑って登れん。何回も何回も滑り落ちているうちに、とうとう登ってきた。子どもはもう助からないと思うて、

「お天道《てんとう》さま、お天道さま、山ん婆が追いかけてくるんで綱ぁ下ろいてください。綱ぁ下ろいて助けてください」

と、お天道さまに一生懸命頼んだ。もうすぐ山ん婆の手が、子どもの足に届きそうになった時、天から金《かね》の綱が下りてきた。子どもはその綱にぶら下がって、雲の上へ上へと上って行った。

それを見た山ん婆もお天道さまに頼んだ。

「お天道さま、お天道さま、私ぃも綱ぁ下ろいてください」

そうしたらやっぱり天から綱が下りてきた。

それにつかまって子どもを追いかけようとしたら、山ん婆の綱は腐れ綱で、途中からぷつんと切れて、山ん婆はまっさかさまに下に落ちて、岩に当たって死んでしもうたそうな。

その時飛び散った血が、近くの畑にあったそばときびの根について、今でもそばときびの根が赤いんだと。

天にのぼった子どもは、月でしあわせに暮らしておるそうな。

昔こっぽり大山《だいせん》やまのとびのくそ。

〈再話　真庭市　立田　富江〈蒜山語りの会おきなぐさ〉〉

# 三軒の家――二七

昔、むかあしのことじゃった。

那岐山《なぎせん》の麓の村のちょうどまん中あたりにな、家が三軒並んで立っとったそうな。

右端の家にゃ、姑《しゅうとめ》と、息子と、その嫁が暮らしとるし、まん中の家にゃ、ほんまの親子が三人暮らしとるし、左端の家ぁ、三世代七人の大家内だったそうな。

ある日のこと、まん中の家のもんが、その日も朝から息子と口喧嘩してなあ、むしゃくしゃして、ふと気が付いてみるとなあ、右隣の家からも、左隣の家からも、ことっともいうのを聞かん。大声も聞こえにゃ、口ぅ荒らしょうるような声も聞こえたことがないんじゃそうな。そこで、

〈どねえしょんじゃろうか、いっちょう聞いてみにゃいけんわい〉

思うてなあ、左隣の家へ行って尋ねたそうな。

「あんたんとかあ、どねえしょうりんさるんなら、大家内じゃのえ、ことっとも言ようりんさるふうがないが……。うちゃなあ、たった三人しかおらんのに、いっつもごとごとごとごと言

うことがあって、ようによろけとんじゃが（困っているのだが）……」

そう言うと、その家の女房が、

「そりゃあ、あんたんとかあ利口な人ばあおんなさるけん、言うことがふえるんですらあ。うちゃなあ阿呆《あほう》ばあ居りましてなあ、利口気に口ぅはさむもんもおらんもんですけん、いっつも左様、ごもっともですみますすんじゃ」

言うと、他のもんも一様にうなずいたそうな。

それを聞いたまん中の家のもんは、

――いかさまなあ、なるほどなあ――

と納得して、いったんは戻ったんじゃけど、

〈そうじゃ、嫁が来た家にも聞いてみにゃいけん〉

思うて、今度は右隣の家へ行ったそうな。

右隣の家の門《かど》先まで行くとな、井戸の方から、その家の息子の声が聞こえてくるそうな。そこで立ち止まって聞きょうるとなあ、

「昔から『梅ぁ切らぬが阿呆、桜ぁ切るが阿呆』言うそうなけん、いっちょうこの梅の枝ぁ切ろうか」

言ようるそうな。そうして井戸のそばにある梅の木の枝ぁ切り始めたそうな。

切りょったなあええんじゃけど、ちょっと太え枝ぁ切ったところが、その枝が洗い場の方へ落ちてしもうてなあ、ちょうどそこに洗ろうた羽釜《はがま》が伏せて置いてあったもんじゃけん、その上ぇ落ちてしもうてなあ、バリンと割れてしもうたそうな。

そうしたら息子が、

「ありゃりゃ、悪いことをしてしもうたなあ、よう、ぐるりゅう（周囲を）見りゃ良かったなあ。じきに煮炊きに差し支えるようなことをしてしもうて、すまんすまん」

言うて、そばにおる嫁に断りゅうしょうるそうな。そうしたら嫁は嫁で、

「いやいや、悪いなぁこの私です。梅の枝ぁ切りょんさるのを知っとって、羽釜ぁ置いたままにしとったんです。気の利かん私が悪いんです。すまんことでした」

言うてなあ、二人ぁ梅の枝と羽釜を片付けながら、

「いや自分が悪かった」

「いいや、私の方に落ち度があったんです」

言うて、お互いをかばい合いよるそうな。

そうしたら、それを聞きつけた姑が、家の中から出て来て、

「お前らぁ夫婦で何ぅ言よんなら。私しゃ何んにも知らず、お前らの手ごうも（手伝いも）せずに炬燵《こたつ》にあたってずぐずぐっとしとったんじゃ。悪いなあこの私じゃがな」

言うたそうな。

これを聞いたまん中の家のもんは、

「いかさま、これでよう分かった。ふだんからどっちの家もことっとも言わず、たまに聞こえりゃ、それが笑い声の訳がよう分かった」

言うたんじゃそうな。

昔こっぷり。


（再話　奈義町　平賀　朱巳〈なぎ昔話かたりの会〉）

## 福山合戦――二八

総社と倉敷の間にある標高三〇二メートルの山が福山《ふくやま》じゃ。昔、この福山で歴史に残る大きな合戦があったのじゃ。

福山城の城主は、大井田氏経《おおいだうじつね》。千五百の兵で城を守っていた。攻めるは足利直義《あしかがただよし》。二十万といわれる軍勢じゃ。

時は、建武三年、西暦一三三六年五月十五日。足利軍は九州から福山の麓に到着した。そして福山城の周囲、数百ヶ所に陣を張り、かがり火を焚《た》いたのじゃ。その炎は福山の全山をつつみ、天をも焦がす勢いじゃった。

「けえだけの勢いを見せりゃあ、氏経も恐れをなして逃げるじゃろう」

直義は余裕をみせていたと。ところが福山城の氏経も負けじとばかりに、山頂で夜どうしかがり火を焚いたんじゃな。

「こしゃくな氏経め」

直義は明け方に、備中、備前から集めた三千の兵を浅原《あさばら》峠から一気に攻め込ませた。ところが頂上に近づいても、福山城は静まり返っていた。

これが氏経の計略とも知らず、ときの声を挙げて、城へ攻め入ろうとした。その時、城門が開き大きな岩がゴロンゴロンと転がり出た。ゴロンゴロンゴロン、ゴロゴロゴロと無数の石や岩が転がり出てきた。城内に用意していた無数の石や岩を、敵の頭上に激しく落としたのじゃ。この時とばかり、城内から雨のように矢を降らせた。直義軍は手ひどい負け方をしたんじゃ。

初戦で敗れた直義軍は、翌十七日全軍で一斉に攻め込んだ。東は倉敷の西坂から、南は倉敷の浅原から、西は清音《きよね》の三因《みより》、そして、北は山手の西郡《にしごおり》から攻めた。

〈この大軍をみりゃあ　氏経は手も足も出ずに　今頃は亀のように首をすくめとることじゃろう〉

と直義は考えていた。

ところが氏経は、

〈敵は大軍じゃが、寄せ集めじゃから、直義の首を討ち取りゃあ一気に崩れるにちげえねえ〉

と考えた。五百の兵を城に残して、氏経自ら先頭に立って千の兵を引き連れ、北の西郡の急斜面を駆け下り、直義の本陣に突入し、本陣の幕を切って落とした。あわてふためく直義を見つけて五人の手勢が、これを取り囲んだ。

「直義、覚悟せえ」

氏経の刃《やいば》が振り下ろされた。あわや直義。

その時に横合いからスッと如意棒が伸びてきて、この刃をガッシリと受け止めはねのけた。直義の本陣は修羅場《しゅらば》となり、まさに死闘がくりひろげられた。

勇敢な家来に助けられ、あわやのところで難をのがれた直義は、後退して軍を立て直した。

氏経は、

「直義の首を取り損なった。残念無念。ここで討ち死にするのはたやしいが、何としても立て直して、再び足利に挑むため備前の新田軍に合流する」

と言って、燃え上がる福山城に深々と頭をさげ、備前の三石《みついし》に向かったのじゃ。

それから十日後、建武三年五月二十五日、神戸の湊川《みなとがわ》で新田軍は破れ、吉野へ後醍醐天皇と共に移って行って南朝を樹立。これに対し足利氏は光明天皇を擁立して室町幕府の誕生となったのじゃ。これによって南北朝時代が始まった。

福山合戦は歴史に刻まれる重要な戦いであった。もし、あの時、氏経が直義の命を取っていたら、歴史はどうなっていただろう。考えてみるだけでもわくわくするではないか。

皆様も福山山頂に登られて、兵《つわもの》どもが夢のあとの昔を偲んでいただきたい。

〈再話　総社市　難波　次男〈吉備路伝説を語る会うぐいすの会〉〉

〈注〉建武三年五月などの年号は南朝での年号。一般的には（北朝の年号）建武三年は二月二十八日までで、延元元年になる。

エッセイ

# 語りと私

田村　洋子

私が〝かたり〟と初めて出合ったのは、平成八年です。それから紆余曲折。平成二十三年に「立石おじさんの語りの学校」を津山市立図書館で受講し、その後受講生と、昔話語りの会「いろりばた」を翌二十四年二月に立ち上げ、ボランティア活動をしています。

老健施設では、大きな声でゆっくりと語ります。内容は、楽しい話や笑い話やとんち話等を、笑顔で語ろうと心がけています。

ある時、弘法大師様の話をしましたら、あるお年寄りの方が、胸の前で手を合わせ頭を垂れ拝まれたのです。その姿を見た時は、昔話の持つ不思議な力を感じました。

サロンや公民館等で語る時は、季節や行事等を考慮します。女性の多い所では、嫁姑の葛藤の話や、子を思う母親の話を語りますと、ご自分の人生と重ね合わせられてか、涙を流して聞いて下さる方もおります。そんな時は、〈あぁ～語って良かった。思いが伝わった〉とホッとした気持ちになります。

男性は、面白い話や動物話やとんち話や伝説話のようなものを好まれるようです。

お寺では、和尚様と小僧さんのとんち話をしますと、とっても喜んでくれます。

保育園や幼稚園や小学校で語る時は、ゆっくりと、一人一人の子ども達の目を見るようにして語ります。うなづく子、笑う子、目を輝かせて聞く子、先を急かす子、物知り顔をする子等、いろんな表情をみせてくれます。この子ども達が大人になった時に、昔話の語りが心の引き出しにしまってあって欲しいなあなんて思います。

このように昔話の〝かたり〟は、温かさ、優しさ、懐かしさ、愛おしさが、一杯詰まっています。聴き手の目を見て顔を見て、お互いにうなづき合える素敵な空間も共有できます。語りに出合えて良かった。これからの生活に彩りを添えられます。元気な口を精一杯生かし、多くの人に聴いて頂けるように日々精進したいものです。


（編集委員）

# 三　紅葉いろの民話

お月さんいくつ十三七つ
七つの海を朝から越えて
南の果てで闇の夜になって
小さなペンギン鳥が氷の上で
あっちぃ向いちゃ今晩は
こっちぃ向いちゃ今晩は

（総社市　月を見て歌う）

# 菊娘――二九

昔、あるところに、それはそれはまあ、たいそう不器量な男がおったそうな。いい年になっても誰も嫁に来てくれる人はいないものだから、一人で暮らしておった。

男は、百姓に精を出し、たくさんの米を作り、牛や馬を何頭も飼うて、朝早うから晩遅うまで頑張って働いた。

何年か経って、だんだん金がたまって分限者になり、立派な大きい家も建てることができた。暮らしが楽になって、女房の代わりにと菊づくりを始めて、菊の花を可愛がって育てるようになった。

どこかに、きれいな菊が咲いていると聞くと、遠くても訪ねて行って一枝もらって帰り、差し菊をして育てる。あっちこっちから珍しい菊や変わった菊を手に入れて、大切に育てて増やしたりして、咲き競わせて楽しんでいたそうな。

ある日、男が山道を歩いていると、一軒のみすぼらしい家の前に、これまで見たこともないきれいな菊が咲いており、すっかり心を奪われてしまった。

「すまんが、ちょっと一服させてもらえませんか」

「どうぞどうぞ、番茶でもさしあげましょう」

お茶を出してくれたのは、菊にも劣らないほどのきれいな娘だった。

「おお、何ときれいな娘さんじゃ。それに菊の花もきれいじゃ。私は菊が大好きでいろいろ育てているんじゃが、こんなきれいな菊を見たのは初めてじゃ。この菊の苗を譲ってもらえんじゃろうか」

「ごめんなさい、これは弟が命の次に大切にしている菊で、差し上げるわけにはいきません」

男が何回も何回も頭を下げても、どんなに頼んでも、どうしても譲ってもらえないので、仕方なく諦《あきら》めて帰っていった。

「おーい　おーい」「おーい」「おーい」

呼び声に振り返って見ると、先ほどの娘と若者が追いかけてくる。

「姉から話は聞きました。白菊と黄菊の苗を差し上げますから、大切に育ててください」

「ありがとう、ありがとう。丹精こめて作られた菊じゃ。いくらかお金を取ってくださらんか」

「とんでもない、これは売り物ではありません。いくらお金を積まれても売りません。菊が大好きだと言われるから差し上げるのです。白菊は自分で、黄菊は姉の魂だと思うて育ててください」

「そうですか、それならいただきます。大切に大切に育てます。私は一人でのんきに暮らしていますから、花の時期にはどうぞゆっくりお出かけください。楽しみに待っておりますから」

そう言って別れた。

男はもらった菊を、今まで以上に心を込めて育てた。秋には白菊と黄菊のみごとな大輪が咲いた。色といい、形といい、それはそれはみごとなものだった。

ある日、男が菊を眺めていると、姉と弟の二人が訪ねて来た。

「もう菊が咲いているころだろうと、恋しくて訪ねてきました」

「よう来てくださった。よう来てくださった」

男は喜んで迎え入れ、ご馳走を作ってもてなし、三人は菊の話ではずんだ。

すると、弟がおもむろに言った。

「姉は年頃で、この通りきれいです。一人暮らしならぜひ嫁にもらってくださいませんか。お願いします」

「いや、私は見ての通り不器量で、嫁はもらわんことにしとる。もし結婚して子どもが生まれたら、その子が不器量で一生苦労する。すまんが嫁にすることはできん」

「じつは、代官の息子が姉がきれいなのに目をつけて、嫁にくれと言ってきているのです。姉は行きたくないと言っております。断れば大変なことになる。どうか嫁でなくてもよろしいから、置いてもらえないでしょうか」

三人はその夜、酒を飲んで楽しく話し、そのままいろり端で眠ってしまった。

次の朝、男が目をさますと二人の姿が見えない。ふと、いろり端を見ると、みごとな白と黄の菊の花が並んであったと。姉と弟は菊の精だったのだ。

男は、〈もし自分が娘と結婚していたら、人間のままでいることができたかも知れない。かわいそうなことをした〉となげいて、それから菊を二人の魂だと思って、大切に大切に愛情をそそいで育てたそうな。

昔こっぷり

（再話　福山市　金政　容子〈備後語りの会ふくふく〉）

# サル地蔵──三〇

昔、あるところにおじいさんがおって、ある日、山へ木をこりにいった。昼になったけん、弁当食べよう思うて蓋《ふた》を開けたら、風の強い日だってな、弁当のきな粉が、ぶわっとおじいさんの顔にかかってしもうた。せえでおじいさんは、きな粉まみれになって、弁当を食べたんじゃと。

せえから、大けな木の株に腰を下ろして、ひと休みしょうるうちに、そのまま、こくりこくり寝てしもうた。

そこへ、山の奥から、サルがようけぇ、ワリワリ、ワリワリ下りてきたんじゃと。

「やあ、こねぇなとこへ、お地蔵さまがおりんさる。わしらのとこへお連れしようや」

「おう、そりゃええこっちゃ」

いうて、お手車をこしらえてな、それにおじいさんをのせて、チョイヤサ、チョイヤサと運びはじめたんじゃ。

そうしようたら谷川に出た。サルどもは、腰まで水に浸かって、川を渡りだしたと。

チョイヤサ　ホヤサ
チョイヤサ　ホヤサ
サルのちんちん濡らすとも
地蔵のちんちん濡らすなよ
チョイヤサ　ホヤサ
チョイヤサ　ホヤサ

おじいさんは、おかしゅうておかしゅうてかなわんのじゃけど、笑うちゃあいけん思うて、ぐっと腹に力を入れたら、ブッと屁が出てしもうた。

顔を見合わせたサルどもは、

「鳴ったはなんじゃ」

「お寺の太鼓」

「流れる匂いはなんじゃろう」

「地蔵をまつるお香の匂い」

言いながら、川をどんどん渡っていったんじゃと。せえで、サルのすみかに着いた。

「やあ、こりゃあええ地蔵さんじゃ。ありがたい、ありがたい。みんなで拝もう」

いうて、どっから持ってきたんか、ぎょうさんのお金や、山のアケビやらブドウやらのお供え物を、おじいさんの前へ置いてくれたんじゃと。

しばらくしたら、サルどもがおらんようになったんで、おじいさんは、お金やご馳走を両手にいっぱい抱えて家に帰ったんじゃ。

せえで、おばあさんにその土産を広げて話して聞かしょうたら、ひょっこり、隣りのおばあさんがやってきた。

「ありゃまあ、こねぇな大金、どねえしたんなら」

いうて聞くもんじゃけん、訳を話しちゃった。すると家へすっとんで帰ってな、すぐに弁当をこしらえて、たいぎがる隣りのおじいさんを無理やり山へ行かせたんじゃと。

仕方がないけん、隣りのおじいさんは、弁当のきな粉を顔に塗りたくって、木の株に腰かけて、寝たふりをしとったんじゃ。

そこへ、サルたちがワリワリ、ワリワリ山から下りてきて、

「やあ、また地蔵さまがおりなさる。わしらンとこへお連れしよう」

いうて、お手車をこしらえて、隣りのおじいさんをのせて運びだした。

チョイヤサ　ホヤサ
チョイヤサ　ホヤサ
サルのちんちん濡らすとも

地蔵のちんちん濡らすなよ
チョイヤサ　ホヤサ
チョイヤサ　ホヤサ

おかしい、おかしい。あんまりおかしすぎて、隣りのおじいさんは、とうとう我慢できずに、

「わっはっはっは」

と、笑うてしもうた。

そしたらサルどもは、

「こりゃにせ地蔵じゃ。ただのじいさんじゃ。とんでもねえ。そりゃ、食いつけ、かぐれ、にせ地蔵チョイヤサ。食いつけ、かぐれ、にせ地蔵チョイヤサ…」

いうて、食いつくやら、かぐるやら…。

隣りのおじいさんは、お金もうけどころか血だらけになって、泣き泣き家に帰ったんじゃと。

昔こっぷり。

〈再話　津山市　稲垣　扶左恵〈津山語りの会ぴんどろう〉〉

# 雉も鳴かずば——三一

昔々、あるところに大きな川があってな、渡しを舟で行き来しておったと。ところが小さな渡し舟のことじゃから、川の水が少しでも増えると舟が出せんようになるでな、村の者たちは難儀しておった。

ある時殿様から、その川に橋を架けるようにと、お布令があったんじゃ。村の者たちは橋ができたらどんなにか便利になるだろうと喜んでな、役人と一緒に毎日精出したと。ところが、もう少しで完成するという時になると、大雨や大水やらで、せっかく架けかかった橋が流されてしまうんじゃ。それが一度や二度ではなく、何度も流されたんじゃと。村の者たちは、ほとほと困ってしもうた。

それでも工事を続けておると、そこに旅の法印《ほういん》さんが通りかかって、その様子を見てな、

「この橋の責任者は、どなたかな」

と、近くにいた者に聞いたんじゃ。すぐに役人を呼んでくると、

「この橋は、何度架けても流されるで。橋の根元に人柱を立てない限りは無理じゃ。それもな、

誰でもよいわけではない。股引《ももひき》の脛《すね》のところに縞《しま》の横継ぎしとる四十二才の男でなければだめじゃ」

と、言って去って行ったと。

役人と村の者たちは、寄って話しおうた。

「殿様の言いつけじゃけぇ、橋は何がなんでも架けねばならんが、こう何度も流されるんでは人柱がいる、ということじゃろうか。しかし、人柱になろうという者はおらんじゃろう。困ったのう。そうじゃ、法印さんの言うとった者がおったら人柱に立てようや」

と、いうことになってな、探すことになった。

そこで、子ども達に聞くのが一番ええじゃろうと、寺子屋へ行って聞いてみた。

「年は四十二才で、股引の脛のところに縞の横継ぎしとるもんを知らんか」

すると、大勢おった中の一人の女の子が、

「あ、うちの父ちゃんじゃ。四十二才で股引に縞の横継ぎしとる」

と言ったんじゃ。

早速、その子の父親を探し出すと、有無を言わせずに橋の根元に生き埋めにしてしまった。その様子を隠れて見ていた娘はそれから後、一言ものを言わんようになってしまったと。誰が何をたずねても、一言も口をきかんのじゃ。

人柱を入れて架けた橋は、びくともせん丈夫な橋に出来あがって、村の者達は喜んだ。

娘は、きれいな娘に育っていったが、ものを言わんままじゃった。あまりにもきれいな娘だから、口をきかんでもよいから嫁にほしい、という若者が何人もいたが、娘は首を横にふるばかり。

そのうわさは、橋をかけた役人の息子の耳にも入ってな、娘を見に来たんじゃと。そしたら、息子は一目で娘を気に入ってな、どうしても嫁にほしいと言ってきた。とうとう娘は押し切られて、嫁になることになったんじゃ。

息子が家来と共に娘を迎えに来て、山道を通っていた。すぐ近くで、ケーン、ケーンと雉《きじ》の鳴き声がした。ズドン。鉄砲の音がして、雉が目の前に落ちてきたんじゃ。それを見た娘は目に涙をいっぱいためて、

「雉も鳴かずば打たれはすまい。私がものを言ったばかりに父は人柱」

と言ったんじゃ。びっくりしたのは息子はじめ周りの家来達だった。

「お前、口がきけるのか」

娘がコクンとうなづくと、

「ものが言えんと思っていたが、ものを言わんようにしていたんじゃな。すぐに屋敷へ行って、

その訳を聞かせてくれ」

屋敷に戻った二人は、役人の父親も交えて、娘の話を聞いたと。

「橋を架ける時に、私が父のことを話したばかりに、人柱にされてしまいました。それでものを言うのをやめていました」

「そうか。自分が話したばかりにと、自分を責めておったんじゃな。いくら丈夫な橋を架けるためとはいえ、お前の父親を死なせてしまい、ほんに申し訳なかった」

と、役人である父親は娘に謝まったと。

それから、人柱になった父親のために供養塔を建ててな、父親の霊をなぐさめたのじゃ。

娘は、それからもたいそう大切にされて、幸せに暮らしたということじゃ。

昔こっぷり。

（再話　井原市　鈴木　泉〈美星語りの会こすもす〉）

## 売り声の失敗――三二

昔々、あるところに、十五、六にもなる息子がおったが、家の中で、ごろごろして仕事もせずに遊んでばかりしておった。そこで、父親が、

「お前もええ年になったけん、そろそろ仕事をおぼえねばなぁ、何か商売でもしてみんか」

と言った。

「何をすりゃぁええんじゃ」

「ちょうど秋じゃけんなぁ、柿《かき》も栗《くり》もある。酢も作ってあるからな。こりょう町に行って売ってこい。祭りも近いし、お寿司を作る人がおろうから、酢も必ず売れるはずじゃ。お前売り方は知っとるか」

「よう知らん」

「物を売る時にゃぁなぁ、売る物の名前を忘れないように、よ～くおぼえていけぇよ。町に着いたらな、大きな声で売る物を順々に言うて歩くんで。そうしたら売れるはずじゃぁ。わかったな」

そう言われて息子は、ざるの中に、柿と栗と酢を入れて、てんびん棒でかついで町に売りに行った。

父親に、売る物の名前を忘れないようによぉくおぼえていけよ、と言われたので、

「カ・キ・ヤ・ラ・ク・リ・ヤ・ラ・ス……（柿やら栗やら酢）。おぼえた。おぼえた」

と言いながら歩いて行ったと。

「カキヤラクリヤラス……ああ、まだ忘れてないぞぉ、たいしたもんじゃ」

「カッキャラクリヤラスー、カッキャラクリヤラスー……」

息子は、町に着くと大きな声で、

「カッキャラクリヤラスー、カッキャラクリヤラスー、いらんかやぁ〜」

と言って歩いた。ところが、だれも買ってくれない。もっと大きな声で言わないといけないのかと思って、

「カッキャラクリヤラスー、カッキャラクリヤラスー……いらんかやぁ〜」

と大声で言って歩いた。家の中にいた人は、大声におどろいて、何が起こったのかと出て来たが、誰もなんにも買ってくれんかった。町を歩いている人達も、

「カッキャラクリヤラスと言っているけどなんじゃろうなぁ。なにか知っとるかぁ」

「いやぁ、そんなもの知らん。知らんもんはいらん」

と言うて、誰も買ってくれなかった。仕方がないから、あっちゃこっちに行って、

「カッキャラクリヤラスー、カッキャラクリヤラスー……いらんかやぁ」

と大声で言って歩いたけど、とうとう誰も買ってくれなかったと。

そのうちに、お天道様が西に傾いてきたから、てんびん棒をかついで家に帰ってくると、父親がたずねた。

「売れたか」

「なぁんにも売れんかった」

「なんなら〜、ひとつも売れんかったんか。わしが教えたように、大きな声で言って歩いたんか。どねぇ言うて歩いたんなら〜」

「柿やら栗やら酢を売るんじゃろ。『カッキャラクリヤラスーいらんかやぁ』と大きな声で言うて歩いたんじゃ」

「そりゃぁいけんがな。そんなに一緒に続けて言うたら、何を売りに来たんか分からんがな。こりゃぁなぁ、柿は柿で別々、栗は栗で別々、酢は酢で別々に言うたら、こんだぁようけえ売れるで」

「あ〜そうか!!そうか!!ほんなら明日は、べつべつに言って売ってくるからな」

次の日、同じ荷物をまた売りに行った。町に着くと、今度は、

「カーキャーカーキデベーツベツ、クーリャークーリデベーツベツ、スーワスーデベーツベツ、ベーツベツノベーツベツ……（柿は柿で別々、栗は栗で別々、酢は酢で別々）はいらんかやぁ～」

と言って歩いた。ところが、やっぱり、だ～れも買ってくれなかったと。

昔こっぷり

（再話　津山市　黒原　洋美〈津山語りの会いろりばた〉）

# ソバの茎はなぜ赤い——三三

むかし、寒い日の夕方のことじゃった。

蚕豆《そらまめ》とソバが仲良う吉野川（吉井川の支流）の川べりを歩いていたところ、みすぼらしい身なりをした一人の老人に出会うた。老人は蚕豆とソバに、

「向こう岸に渡りたいんじゃが、足が悪うてのぉ。申し訳ないが、わしを背負うて渡してくれんじゃろうか」

と言うて頼んだんじゃそうな。

蚕豆は、

「何ぅ無茶なことを言いよりんさる。この寒《さみ》いねぇ冷てぇ水やこうに入れるもんで」

といやな顔をした。老人は、

「そうかぁ、残念じゃのう」

と悲しそうにうつむいたんじゃ。その様子を見ようたソバは、気の毒に思うて、

「わしが渡してあげるけん、肩につかまりんさい」

と言うて、老人を背負うて川へ入ったんじゃと。

　水は氷のように冷とうて、足がちぎれるようじゃった。ソバは、歯をくいしばって一歩一歩踏みしめながら、やっとの思いで老人を渡しちゃったんじゃ。

　岸についた老人は、でぇれぇ（たいそう）喜んで、

「この恩返しはきっとしますけん」

と言うて、何度も頭を下げながら去っていったんじゃそうな。

　その夜、蚕豆とソバは、同じ夢を見た。夢の中で神様が言うたのじゃ。

「蚕豆よ。お前は困っとる年寄りに冷たいことを言いよったなぁ。じゃから、お前は秋に畑にまかれ、春までそこに立っておれ。ソバよ。お前はこの冷たい水の中を年寄りを背負うて川を渡ってくれた。ようやってくれたのぉ。ありがとう。ありがとう」

　それからというもの、蚕豆は、寒い寒い北風が吹きすさんでも、雪が降り続く夜も、正月が来ても、六月の収穫まで、じっと寒さに耐えて畑に立っとらにゃぁいけんのじゃ。

　それに比べ、ソバは、八月にまかれて十一月には収穫が終わるんじゃけぇ、寒い目にはちぃとも合わずに、暖かい部屋の中で冬を越せるんじゃ。じゃぁけど、老人を背負うて川を渡った時、水があんまり冷たかったもんじゃけん、凍えて赤こうなってしもうたソバの足は、今でも赤いまんまなんじゃと。

むかしこっぷり

〈再話　美作市　有元　康子〈みまさか民話の会ほっこり〉〉

## 泥棒と相撲――三四

昔、ある一軒の家に、泥棒が入ったそうな。音を立てないように、そっと戸を開けてなあ、中をのぞくと、大きな、いびきが聞こえてくるんじゃと。

「こりゃあ、よう寝とるけえ、大丈夫じゃぞ」

と、泥棒は、家の中を探すんじゃけどなあ、めぼしい物はなんもない。何か金になる物はないかと、あっちもこっちも探したんじゃけど、それが、なんにもないんじゃと。

泥棒は、せっかく泥棒に入ったのに何も取らずに帰るのは、こりゃあ、腹が立つと、よう寝とる主人を起こしたんじゃ。

主人は、よう寝とったのを起こされて、何事が起きたんかと、目をパチクリさせとる。

「こりゃ、こりゃ、ちゃんと目をさませえ。わしは泥棒じゃ」

「へえっ、ど、泥棒。泥棒様ですか」

「そうじゃ、泥棒様じゃ。わしも長い間、この仕事をしてきたんじゃけど、お前のとこほど、何もない家は、初めてじゃ。なんも取らずに帰るんも気が悪いんでなあ、ひとつ相撲でも取らせてくれえ」

と、こう言うたんじゃ、すました顔をしてなあ。

そうしたらなあ、その主人もおもしろい人で、こう、返事をしたんじゃ。

「そりゃあ、気の毒な。何かを差し上げたいが、ご覧の通り品物はなんもない。お望みなら相撲の相手をしましょう」

と、言ったかと思うと、すぐに裸になった。

泥棒も裸になったんじゃ。

「はっけよい。のこった」

二人は、力一杯にぶつかり、押したり引いたりして、相撲を取ったんじゃと。

「泥棒の勝ちー」

「主人の勝ちー」

と、何番も何番も相撲を取っていたらなあ、「コケコッコオー」と、一番鶏が鳴き出したんじゃと。

「こりゃあ、鶏が歌い出したぞ。ボツボツ夜が明けるぞ。もう帰らにゃいけんが、もう一番だけ取ってくれんかのう」

そう言って、また、相撲を取ったんじゃ。

そうしとるうちに、とうとう夜が明けてしもうたそうな。

そうしたらなあ、木の枝に止まっとったカラスがなあ、

「アホウ、アホウ」

と鳴いたんじゃそうな。

昔、こっぽり。


（再話　鏡野町　小林　節子〈鏡野語りの会かじか〉）

# 極楽寺のあまのじゃく――三五

鏡野町上森原《かみもりばら》に、青木山極楽寺《あおきさん》いう真言宗のお寺があるんじゃが、その寺にまつわる話じゃ。

お参りする時、仁王門を通るんじゃが、阿像《あ》と吽像《うん》の仁王様が怖い顔をして立っとりんさる。

その仁王様の大きな足の下に、あまのじゃくが踏んづけられておったんじゃて。

あまのじゃくいうたら、子どもの背丈ぐらいで、頭に一本だけ角がはえとって、人の言うことの反対ばっかり言ったり、したりする鬼のことなんじゃ。

むかしむかしな、あまのじゃくは、天の仏様や神様がおられるとてもきれいな、おだやかな所に住んどったんじゃけど、いたずらはするし、みんなの言うことの反対のことばあするもんじゃけん、天上に住んどる者がように困っとったんじゃて。

そんなある日のこと、

「あまのじゃくや、ちょっとおいで」

言うて、仏様に呼ばれ、

「お前は悪いことばあして、みんなを困らせとんじゃそうなが、お前のようなもんは、この天上界に置いとくわけにはいかんけん、どこにないと出て行け」

言うて、こっぴどう（ひどく）しかられて、天上を追い出されたんじゃそうな。

「どこに行こうかのう」

　困ったあまのじゃくは、しぶしぶ地上に下りて来たんじゃが、やっぱりあちこちの村で悪さをして、村の人達を困らせとったんじゃて。

　それでな、極楽寺の仁王様が見るに見かねて、

「お前は、天上で悪さをして追い出され、地上に下りて来てまで悪さぁするたあ困ったもんじゃ。もう悪さが出来んようにしてやる」

言うて、首根っこをひっつかんで、大きな足でぎゅうっと踏んづけたんじゃ。

　あまのじゃくは、身動きもできん。自由に歩きまわれるんは、仁王様が留守の時だけなんじゃ。

〈どうしたら、もと住んどった天上界に帰ることが出来るじゃろうか。ここにおったら自由に動きまわることも出きん。帰りたいなぁ。つらいなぁ〉

思うて、毎日毎日天を仰いで、ウオーン、ウオーンと泣いとったんじゃ。

「神様、仏様、もう悪さはしませんけん、天上に帰してつかあさい」

言うてみたんじゃが、神様からも仏様からも何の返事もない。

　ある時にあまのじゃくは、ええことを思いついた。

〈こりゃあええことに気がついた。これなら絶対天上に帰れるぞ〉

思うて、わくわくして時が来るのを待っとったんじゃ。

そんなある日のこと、仁王様が用事で出かけられた。あまのじゃくは、この時ばかりと計画を実行したんじゃ。大急ぎで、その辺に転がっとる石をたんとこと（たくさん）拾うて、とっとっとっと、山の上に運んでな、積み重ねて天上に登る踏み台を作りだしたんじゃ。次々に石を積んでいったらな、高い壇が出来た。あまのじゃくは、

〈これで天に上れるぞ〉

と思い、石の壇の上に立って手をのばしてみたら、天に届くとこまでに、もう一メートルほど足らん。

〈よっしゃ、もう一つ石があったら天に届くぞぉ〉

思うてな、だあっと下の別所川までかけ下りて、最後の石を拾おうとした時のことじゃ。近くの猿頭山《さるこうべやま》と、犬丸山《いぬまるやま》に住んどる天狗がな、あまのじゃくが天上に上がろうしょうるのを見つけて、

〈こりゃあ大変なことじゃ。あまのじゃくが天に登ろうとしょうるがな。あいつを天に帰したら、また大騒ぎになるし、仁王様にもしかられる〉

思うた。

「こらぁ、お前はまた天上に上がって悪さぁしょう思ようるんじゃろうが。絶対に上がらしゃ

あせんぞ」

言うが早いか、天狗のうちわで、バサーバサーとあおいだんじゃ。そうしたら、石壇はガラガラーッと崩れて谷底に転がり落ちたんじゃ。

あまのじゃくはそれを見て、

「あーっ、もう少しで天上に帰れるとこだったのにぃ」

いうて地団駄を踏んでくやしがったんじゃ。帰って来た仁王様にもひどうしかられて、また足の下に踏まれたんじゃて。

ところがじゃ、さむらいが戦いをしょった頃、今のお寺よりもっと大きかった極楽寺も焼かれてしもうたのじゃ。その時、あまのじゃくは、どこかに逃げて行方がわからんようになってしもうたんじゃて。その後は、だぁれも見たもんがおらんらしい。

じゃけど、古いおばあさんに聞いた話によるとな、新しい極楽寺が再建されて、仁王様が帰って来られた時、やっぱり悪さをしょうたもんじゃろう、つかまって、身動き出来んよう踏まれたんじゃて。それでも、いつだったか、仁王様がしばらく旅に出とりんさったすきに、とうとうあまのじゃくは、おらんようになってしもうたんじゃ。どこに行ったか分からんが、天上に帰ってええ子になって、仏様や神様にかわいがってもらえる子になっとったらええけどなぁ。

むかしこっぷり。

〈再話　鏡野町　内田　恵子〈鏡野語りの会かじか〉〉

# 人戒岩《ひといましめいわ》——三六

昔むかし、ある人を呪《のろ》い殺したいほど恨んでいる女の人がいた。日増しに恨みが募り、備後一宮神社（広島県福山市新市町）の十二神社にお参りし、丑《うし》の刻参りをすることにした。十二神社に、呪いを念じながらお参りし、五寸釘《くぎ》を人形に打ちこめば、その呪いが通じるのだ。

草木も眠る丑三《うしみ》つ時《どき》、女は家で二丈八尺（約九メートル）の白い布の端を切り裂いて額にくるくると巻きつけ、三本のローソクを頭の上に立てた。

十二神社に着くまで、額に巻いた白布の端が地面に着いたり、誰かに姿を見られたら、呪いが通じなくなるのだ。女は覚悟を決めて、

「いざ、この恨み、今こそはらしてくれようぞ」

と、暗闇の中に風のような速さで走り出て行った。髪の毛を逆立て、目を吊り上げて、まるで鬼のような顔つきをして女は走り続けた。やがて、一宮の参道にさしかかった。

「このまま随神門《ずいしんもん》を通りぬければ、恨みをはらすことができる。どうかこのまま通りぬけられますように」

と念じながら走っていると、随神門の前に何かがいるのが目に入った。

〈あれは何じゃ？〉近づいてみると、それは一頭の大きな雄牛ではないか。雄牛は門に角を立てかけて、ぐっすりと眠っている。

「あんな大きな牛に居座られては、門を通れない。どうか目を覚ましてのけてくれんか」

でも、牛はピクリともしない。とうとう女は門のところで止まってしまった。白布は地面にペタリと垂れ下がった。

「こんなに大きい牛の背を飛び越えることはできん。今夜は運が悪かった」

とつぶやいて、その夜はあきらめて帰って行った。

その次の日、女は昨日よりも更に恨みを募らせ、

「今夜こそは、丑の刻参りをやり遂げて、あいつを呪い殺してやる」

と、白布を額に巻きつけ、三本のローソクを立てると、ものすごい形相で随神門まで走って行った。

するとまた、昨日より大きく恐ろしそうな雄牛が、門の前に立ちはだかっている。女が足を止めると、白布の端が地面についてしまった。

「どうして恨みを晴らさせてくれんのか…」

その翌晩も、ひときわ大きな雄牛が寝そべっていて、とうとう女は三晩呪いをかけることが

できなかった。

女はその場にがっくりと倒れこみ、あまりの悔しさに大声で泣き出した。泣いて泣いて泣きつくして、やがて、涙も枯れ果てて、だんだん気持ちが落ち着いてくると、今まで心の中で煮えたぎっていた恨みが、不思議と消えていった。

「私は一体何をしていたのだろう……。あんなに恨んで恨んで、人を呪い殺そうとしていたなんて、何と恐ろしいことを考えていたのか。牛で門をさえぎってくださったのは、きっと一宮さまに違いない。ああ、ありがたいことだ。愚かな私の心をいさめてくださったのだ」

女は心が落ち着いて、神の慈悲に感謝した。ふと牛のほうを見ると、先ほどまで大きな牛だったのが、巨大な岩になっているではないか。

〈私の愚かな心が、岩を牛に見せていたのだろうか。この岩が私を戒めてくださったに違いない〉

女は岩に向かって手を合わせ、お礼を言うと、その岩を随神門の入口に埋めた。この一メートル以上もある花崗岩《かこうがん》の岩が、いつしか「人戒岩」と呼ばれ、人々は、この岩を見て自分の悪い心を戒めるようになったということだ。

時が流れ、今ではこの岩は随神門の地中に埋もれている。また、十二神社は「十二りんさん」とも呼ばれ、厄除けの神様として、人々に親しまれ、信仰されている。

（再話　福山市　廣田　美三子〈備後語りの会ふくふく〉）

## 馬越恭平とふるさと――三七

今から百四十年も昔のことじゃった。大阪の港を発った二人の親子連れは、初めての船旅を楽しみながら、ようやく鞆《とも》の港へ着いたんじゃ。そこから笠岡の港に入った時は、すでにあたりは真っ暗、町の中に人影は見当たらなかったと。

「お父ちゃん眠いよ」

「そうか、おんぶしてやるから寝てもいいぞ」

男は暗い道をひたすら北に向かって歩いたんじゃ。やがて竜王の峠（笠岡市と井原市門田町境の峠）にさしかかったころ、旅の疲れが出たのか、三歳の子どもはすやすやと眠ってしまった。その峠には大きな石が座っていた。

「まだわしも十三歳の時だったなあ。この石の上で休んで、大阪まで奉公に行ったもんじゃ。でも、今度は東京に出て、世界を相手に仕事をするぞ」

月明かりが峠の向こうの生まれ故郷をこうこうと照らしとった。

夜もすっかり更けて、馬越恭平《うまこしきょうへい》が木之子《きのこ》の家に着くと、家族みんなが待っていてくれた。恭平は馬越家で生まれた二男坊、大阪の旅館の養子になっとったのに、養父と喧嘩《けんか》別れして、子どもを連れて木之子に帰ってきたんじゃな。

「この子が徳太郎か、かわいい子じゃなあ」

すでに年老いた父と母、そして三人の妹、久しぶりの再会を喜んでくれたと。

そして、次の日には、家に親戚の人が集まって来たんじゃ。

「恭平、お前は大阪で商売をやっとったんじゃろうが。立派な旅館の若旦那になっていたのに、何でやめるんじゃ」

「このまま辛抱すれば、播磨屋の財産をもらえたのに、何で家を飛び出すんなら。家族もバラバラになってしもうて、これからどうするつもりなら」

「もう家に帰ってきたんじゃけえ、恭平、この家で醤油屋を始めればええ。わしらが金を出してやる。それが一番の親孝行にもなろうが」

みんなは、次々に意見した。恭平も負けずに返した。

「私は、今まで大阪で旅館をしてお金も儲けました。しかし、世の中は大きく変わっているのです。東京に出て世界に羽ばたく仕事をしたい。それが私の志です」

どうしても聞かない恭平の代わりに、母が親類の人々にむかって、深々と頭を下げてくれたんじゃ。

「親戚の皆様には迷惑をおかけしましたが、恭平は今でも家に金を送ってくれています。東京で仕事の目鼻がついたら、この家を助けてくれると言っとります。ここは、恭平の思いを信じてやってください」

久しぶりに故郷にもどった恭平は、長男徳太郎を連れて三光寺の山並みを眺め、稲木川のほとりをのんびりと歩いたんじゃ。フナやドジョウや亀も捕まえた。やんちゃだった少年の頃の生活が戻ってきたんじゃな。

「パパはな、子どもの頃は体が弱かったから、毎日毎日、この稲木川で捕ったうなぎを食べさせられたんだよ。魚もいっぱいつかまえたなあ」

「ふーん、それでお父ちゃんは、魚捕りが上手なのか」

今の徳太郎は、ママがいない生活じゃけど、木之子での生活は気に入ったようじゃな。

故郷の美しい山や川を眺めていても、恭平の脳裏には、東京での生活が浮かんでくる。東京の友人たちと貿易の仕事を始めよう…そんな恭平の熱い想いを支えてくれたのが、お母さんじゃった。

「恭平や、徳太郎は私がしばらく預かりましょう。しかし近い将来には、必ず妻と子どもは東京に呼びなさい。今は妻が世話になっている岸和田の実家には、当座の金を送りなさいね」

「お母さんは、そこまで考えてくれて…ありがとう」

あふれんばかりの母の愛情を感じた恭平は、畳にひたいをこすりつけて、さめざめと泣いたんじゃ。

やがて東京に出た恭平は、興譲館時代の恩師、阪谷朗廬《さかたにろうろ》先生を訪ね、これからの身の振り方について相談をしたんじゃな。

「どんな仕事をしてもいい。人間には徳が大事じゃ。徳がない者を誰が信用するものか。信用で新しい道を切り開くのじゃあ。なあ馬越君」

恭平は友人の紹介で「先収会社」という貿易会社に入り、一生懸命働いた。そして四年後、三千円もの大金をもって故郷に帰ってきたんじゃ。今度は笠岡から馬車に乗って、堂々と家の門をくぐったんじゃ。そして、他人に渡っていた先祖伝來の田や畑を買い戻し、これからの父と母の生活を楽にしたんじゃて。東京に帰ってからは妻と二人の子どもを呼び寄せ、やっと家族が一緒に暮らせるようになったんじゃな。

「これでもう心配することはない。これからは新しい会社を興し、この日本を豊かな国にするんだ」

後に「ビール王」と呼ばれる馬越恭平の、世界を駈ける人生はここから始まったんじゃと。

〈再話　井原市　井上　晴正〈井原語りの会わわわ〉〉

## あきれた話――二八

昔、その土地、その土地には、代官というえらい役人がおった。代官は村々を見回っては、無理難題を言って、村の者を困らせていた。おまけに、帰りには、その村の名物を土産にして、持ち帰っていた。

ある年、代官が、茶どころの村へ来た時のことだ。いつものように村を見回った後、家来に命令した。

「あすの朝、庭先へ、かごに入れた茶の実を、用意いたせ」

となな。それを、家来から聞いた村の者は、寄り集まって、相談したと。

「なんと、代官と言うもんは、暇なんじゃのう」

「退屈しのぎに、茶飲み相手が欲しいんじゃて」

「茶飲みいうたら、この村じゃあ誰じゃろうのう」

「そりゃあ、弥八つぁんかたの、ばあさまじゃろう」

「おお、そうよそうよ。あの、ばあさまときたら、一日中茶ばっかり飲んでおるで」

と言うことで、話は決まった。

あくる朝、代官が庭先に出てみると、思わぬ大きなかごが置いてあり、その中に、ばあさまがひとり座っておった。

「わしは、茶の実っと、言うたんぞ」

と、代官は、声を荒げて言った。すると、

「へえ。わしは、足も腰も、よう立たんがのう、この村じゃあ、一番の茶飲みじゃで」

と、ばあさまが言った。

「わしは、生える茶の実を、言うたんじゃ」

と、代官は、いらいらしながら、大声を上げた。

「代官様。わしだって這《は》えまするで。ほれ、この通り」

と、おもむろに、かごから手を出し、腹這いになると、ごそ、ごそ、ごそと這って出たと。これには、代官も、顔を真っ赤にして、怒り声をあげながら、取るものも取りあえず、帰って行ったと。

いやはや、なんともかとも、おもろい、あきれた話よのう。

わしらの村にも、こんな話があった。

殿様が狩りに行かれた帰り、わしらの村に立ち寄られ、昼餉《ひるげ》にソバを出すように言われた。なにしろ、ソバなんて、すぐにすぐ出来るもんじゃあない。村中総出で、ソバ粉をひき、ソバを打ち、ソバを切り、ソバをゆでて、出すのは出した。

殿様ときたら、待った、待った。ずい分待ったのだ。そして、やっと、出てきたソバを見て、すぐに、薬味のネギがないことに気が付いた。

「ネギを、もて」

と、殿様は、重々しく言った。家来から、

「殿様がネギを所望だ」

と聞いた村の者は、

「えっ、ねぎのしょもう、そりゃあ、なんのことじゃ」

「なんか、えらいことのようじゃのう」

「ねぎ様なんて、誰のことかわからんぞ」

「こういう、難しいことは、お寺のご住職に聞くに限るぞ」

とばかりに、皆で、お寺に聞きに行った。

「ご住職。殿様が、ねぎ様と言われるのじゃが、あれは、誰のことかのう」

と聞くと、

「ねぎと言うのは、ほれ、神社の神主のことよ」

と、教えてくれた。

「それなら、はよう、神社へ行って、神主様をお呼びせねば」

と、村の者は、神社へ行った。

「神主様、神主様。殿様がお呼びじゃ」

村の者から、そう言われた禰宜《ねぎ》様は、〈めったにないことだから〉と、頭のてっぺんから、足の先まで、それこそ、いっちょうらいのこしらえをして、殿様の所へ出掛けた。

殿様は、待っても、待っても、ネギは出てこないし、ソバはのびるし、それ以上に、腹は減っていたしで、とっくに、ソバは食べ終えて、ゆっくり寛いでいた。そこへ、

「ネギが来た」

とのこと。殿様は、しかたなくこう命令した。

「ネギの首を荒縄でしばり、土間にでも転がしておけ」

と。これを、家来から聞いた村の者は、驚いたのなんの。

〈殿様は、不思議なことを言われるのう〉

と思ったが、何しろ殿様のおっしゃること、反対などできはしない。言われるままに、禰宜様を荒縄でしばり、土間へ転がして、次の命令を待つことにした。けれど、殿様からの次の命令

はなかなか出て来ない。そこで、もう一度、家来に尋ねてもらった。すると、殿様は、次のような命令を出した。

「ネギは、畑に持って行き、穴を掘って、首まで土に埋め、上からたっぷり肥をかけておけ」となる。これには、村の者はびっくり。口を、あんぐり開けるものやら、「えっ」と、声をあげるものやら、みんな驚いたの、なんの。

だけど、殿様のおっしゃること。反対などできはしない。村の者は、荒縄でしばられ、土間に転がしておいた禰宜様を、みんなでかつぎ、畑に持って行き、穴を掘って、首まで土に埋め、上からたっぷり肥をかけた。

いやはや、なんともかとも、哀れな、あきれた話よのう。

殿様の話と言ったら、こんな話もある。

殿様が、ある山奥の村へ、出掛けられた時のことだ。色々立ち回られた後、疲れ切って庄屋さんの家へ寄られた。殿様は、早速に、

「手水《ちょうず》を、まわせ」

と、命令された。ちょうずなんて言葉を、聞いたことのない庄屋さんは、村で一番物知りの、お寺のご住職に尋ねるよう、奉公人をつかわせた。

「この村で、物知りと言えば、我が方の旦那様とご住職の二人。その旦那様が、ぜひともご住職に尋ねよとのことで、お尋ねしますのじゃが、ちょうずとは、何のことですかのう」

と、丁重に言った。住職は、

〈いつも威張っておる庄屋さんが、わしに尋ねとるで〉

と思うと、威張りたい気持ちになったが、肝心のちょうずが、何のことかわからん。

〈ここで、わしもわからんとは、口が裂けても言えん〉

と思った住職は、

「ちょうずとは、漢字で書くとようわかる。ちょうは、長いということじゃ。ずとは、頭という字をずとも読む。要するに長い頭、馬面のことじゃよ」

と、教えた。

「なるほど、なるほど」

と、感心した奉公人は、屋敷にとって返し、そのことを庄屋に伝えた。

「馬面、と言えば、分家の駒吉つぁんに決まっとる」

と、言うわけで、早速、駒吉つぁんを呼び出した。

殿様は、

〈手水ぐらいのことが、いつまでたっても出てこない。早くさっぱりしたいのに〉

と、つい大きな声で、

「何をしとるか。はよう、手水を回せ」

と言った。すると、出て来た男が、いきなり自分の頭を回し始めた。

〈何を考えているのやら、わからん奴じゃのう〉

と思うと、余計に腹立たしく、

「はよう、はよう。はよう、手水を回せ」

と言うた。すると、男は、また、頭を回す。頭を回す。……。手水は出てこん。

いやはや、なんともかとも。ようわからん、あきれた話よのう。


さて、この続きは、どうなったか、というと………

殿様は、いつも家来に言ったそうな。

「山奥の村なんかに行くもんじゃあない。わけのわからんことばかりじゃ」

とな。

村の者は、村の者で、

「偉い人っていうのは、なにを考えとるか、ようわからんのう」

と、言うたんじゃそうな。
むかしこっぷり。

（再話　福山市　山下　則子〈備後語りの会ふくふく〉）

# クネンボウ――三九

昔にはなあ、山奥の村にゃ税金いうもんは、払わんでもええいうことだったんじゃと。他の村は、苦しゅうても少しばかりでも、払ようたと。

そのうち、国の台所もだんだん、苦しゅうなってきた。そえでお殿様は、里の村にばかり苦労させるわけにゃいかん、山奥の村からも税金をとらにゃいけんと考えた。

そえで、どのくらい税金がとれるのか、村の様子を見にいかにゃいけんと、村の庄屋に連絡した。

何日かして、お殿様がやってこられた。村の者は税金を取られるいうもんじゃけんびくびくしとった。

庄屋が村の中を案内しようたら、殿様は、のどが渇いたもんじゃけん、言うたんじゃ。

「これ、クネンボウを持て」

庄屋は、クネンボウ、クネンボウ……そりゃなんじゃろうか。何しろ見たことがないもんじゃけん、さっそく、村の物知りに聞いたんじゃと。

「クネンボウ。そりゃ、こさえて（こしらえて）九年たった棒のことじゃ」

そう言うもんじゃけん、さっそく村人を集めて聞いたんじゃ。

「殿様が、九年棒を持って来いいうとられる。だれか、九年たった棒を持っとる者はおらんか。荷物を担ぐ棒でも、どんな棒でもええ」

みんな首をひねったり、顔を見合わせるばあじゃ。

「太郎、お前とこの荷担ぎ棒は、いつ作ったんなら」

「わしとこは、三年前にこさえたばあじゃ」

「そうか、そりゃ新しすぎるな。三郎お前のところは、いつなら」

「うちゃ、六年ぐらいじゃ」

「う～ん。五郎のは、いつだったかなあ」

「うちゃあ、じいちゃんが死ぬちょっと前じゃったけん、八年半ぐらいになるなあ」

「八年半なら、九年に近いけん、九年棒いうても、分らんじゃろう。五郎、その棒すぐ持って来てくれ」

庄屋は、急いで持ってきた荷担ぎ棒を、殿様に出したそうな。

「殿様、クネンボウをもってきました」

殿様は、おどろいて言うた。

「こりゃ、何なら。クネンボウじゃないがな」

「はい。よくご存じで。実は、これは、八年半棒で九年には、半年ほど足りませんのじゃ」

「クネンボウ言うたら、棒のことではない。ユズのような、果物じゃ、食べるもんじゃ」

「ああ〜。クネブのことですか。それなら、そういうてくださりゃ、分かりましたのに」

庄屋は、そう言うと、すぐクネンボウを取ってきて、殿様に差しだしたんじゃと。

殿様は、クネンボウを食べながら、こんな村に長居したら大変なことになると思うて、村の様子も見んで帰って行ったんじゃと。

庄屋はな、わざとばかな真似して、税金を取られんようにしたんじゃそうな。

昔こっぷり。


（再話　鏡野町　仲山　京子〈鏡野語りの会かじか〉）

〈注〉クネンボウ。九年母《くねんぼ》のこと。ミカンの仲間。大きさはユズくらい。秋に熟し、よい香りがして甘い。香橘、香橙、クネブなどともいう。

# 一把の藁を十六把――四〇

昔なぁ、あるところに、たいそう金持ちの家があってなぁ、ひとりの娘がおったそうな。

娘が年頃になって、両親は、よい婿を貰ってやらにゃあと、いつも思うとったんじゃ。

ある日のこと、主人はええことを思いついたんじゃ。家の表の門に、藁《わら》一把《わ》をつり下げて、

「この藁を十六把《ぱ》に数えた者を、この家の婿にする」

と書いた立て札を立てたんじゃそうな。

立て札を見た若者たちが、金持ちの家の婿になろうと、次々にやって来たんじゃ。

ところが、一把の藁は、どこから見ても一把。縦から見ても、横から見ても、下から見ても、一把は一把で、どうしても十六把には見えんのじゃと。

「どうしたら十六把に見えるんじゃろうか。何ぼう見ても一把は一把じゃあ。それより多くはならんけぇ」

どの若者も、あきらめて立ち去って行ったんじゃ。

何日か経って、貧しい身なりをしたひとりの若者が、金持ちの家の前を通りかかったんじゃ。

ふと、立て札を見て立ち止まり、門の中をのぞいて見ると、おばあさんが縁側で昼寝をしとった。隅の方には鍬《くわ》が立てかけてあった。若者はすぐに門の中に入って、声をかけたんじゃ。

「ごめんください。私を、ここの婿にしてつかあさい」

「立て札は見たんか」

「はい、見ましたけぇ」

「それなら、あの一把の藁を十六把に数えることができるか」

「はい。ちょいと入れば庭（二把）がある。庭の隅には鍬（九把）がある。おばあさんの顔には皺《しわ》（四把）がある。門の一把で十六把」

それを聞いた主人は、〈この若者は知恵がある。婿にしても大丈夫だ〉と思って、その家の婿にしたんじゃと。

昔こっぷり。

（再話　鏡野町　牧田　節子〈鏡野語りの会かじか〉）

エッセイ

# 「こすもす語りの学校」を開いて

鈴木　泉

平成二十八年二月から四月までの間に、井原市美星町の美星語りの会こすもすは、全六回で「こすもす語りの学校」を開きました。大人三人、小学生八人の参加がありました。小学生が何人残るか期待をしていませんでしたが、五月末に開催される「美星読書フェスティバル」で発表することを提案したところ、最終的に、二年生一人、三年生一人、四年生一人、六年生二人、大人一人の計六人が会場で語ることになりました。

正直言うと、たったの六回、しかも実質三回程度の練習では、人前での発表はできません。そこで、更に三、四回ほどの個別指導をしました。

子ども達は、「面白い。楽しい。ワクワクする」と言って参加してくれます。子ども達の吸収力は凄い、と実感しています。覚えることがすぐできるので、「覚えて話すだけでは語りにならない」と説明し、一人一人、こうした方が良いよ、とアドバイスします。もう一度やってみよう、と言うと、注意されたところを上手に生かして語ってくれます。指導のやりがいがあり、私の方が勉強になります。

小学生を募集したのには理由があります。今年九月に「美星自治公民館五十周年」の記念行事があり、そこで三世代交流として語りの発表があるのです。今では、私の方が楽しみにしています。

子ども達は私達の語りを聞いて、自分も語ってみたい、と参加してくれました。この五人の小学生は、「おもしろい、楽しい」と指導をうけてくれます。私達語り手が、聞き手が「自分も語ってみたい」と思ってくれるような語りをしていれば、自然と次世代へと継いでいけるのではないか、と思えました。また、子ども達と語りを通して共通の楽しさを、私達も感じられました。

今回、初めての「こすもす語りの学校」を開いて、本当に勉強になり、心から良かったと思っています。そして、これからも語り手として続けていきたいと再確認もできました。

周りの方々、立石先生にも後押しして頂けたことに、こすもす一同、感謝しています。ありがとうございました。

（編集委員）

# 四　雪いろの民話

正月様ぁござった
西の根のはなへ
樽へ酒入れて
枡へ米入れて
イクスリイクスリござった
（笠岡市　正月迎えの歌）

## サルとウサギとカワウソ——四一

昔、ある年の暮れのことじゃあ。サルとウサギとカワウソが、連れのうて歩いとったんじゃが、見るとなあ、正月買いもんをぎょうさん持って帰りょうる男がおったんじゃ。

「おい、あそこに正月買いもんをして帰りょうるぞ。あれを取っちゃろうや」

「取るいうてどうやって取るんなら」

「そりゃあなあ、こうすりゃあええんじゃ」

と小知恵の働くウサギが教えちゃったんじゃ。

男が、三匹が隠れとった所に近づいてきたけん、

「今じゃ」

ウサギは林の中から道に出て、ピョンコ、ピョンコ、ピョンコピョンコと、足をけがでもしたように歩いて見せたんじゃ。

男はウサギを見つけて、

「こりゃあけがをしとるぞ。ひとつ捕まえて正月のごちそうにでもしてやろう」

と、追いかけて押さえたんじゃ。そしたら、ウサギはタッタッタ—ッと走って逃げて、また、ちょっと前をピョンコピョンコ、ピョンコピョンコと歩いて見せる。

「よーし、荷物やこうは降ろしとえて、今度こそは、捕まえちゃろう」

男は本腰を入れて捕まえようとしてなあ、また、ウサギを追いかけて、押さえたと思うたら手の間をすり抜けて、ピョンコピョンコ、ピョンコピョンコ。

「今度ぁ押さえたぞ」

と思うたら、また逃げられる。そえで、男は余計にむきになって、ウサギを追いかけて行ったんじゃ。

サルとカワウソはなあ、その様子を物陰に隠れて見よってなあ、頃合いを見て、

「よし、今じゃ」

と言うて、男の正月買いもんを取って逃げたんじゃ。

ウサギは、

「ええかげん男をむきにさせたけん、もうこれくらいでえかろう」

と、林の中にコソコソッと入って逃げてしもうたんじゃ。

せえから三匹は集まって、買いもんを開けて見たらなあ、中にはござ（茣蓙）と塩と黒豆が入っとったんじゃ。せえで三匹は、

「こりゃあ、どうやって分けりゃあええじゃろうかなあ」

と考えた。すると、やっぱり知恵のあるウサギが言うたんじゃ。

「こうしたらどうじゃろうか。サルさんは木に登るけん、木の上で楽に昼寝が出来るようにござを取るんじゃ。カワウソさんは、川で魚を取って食べるのに、塩をつけりゃあうまかろうけん、塩がええ。わしは残りもんでええわ。我慢するけん」

「ふん、そりゃあえかろう」

せえで、三匹はウサギの言うとおりに分けたんじゃ。

サルは早速、木のまたにござを敷いて、昼寝をしようと思って、横になったんじゃけど、ござがツルツルッと滑ってなあ、ドッシーンと落ちて尻をすりむいてしもうたんじゃ。せえで、サルは、

「えらい、ひどい物をくれたもんじゃ」

言うて怒って、カワウソの所に飛んでいったんじゃ。

「カワウソさん、あんた塩で良かったなあ。わしゅう見い。尻をすりむいて、もう、まっ赤になってしもうたんじゃ」

「サルさん、何を言よんさんなら。わしゃあなあ、塩を籠に入れて頭に付けて、川の中で魚を捕まえたんじゃ。せえで、〈塩をつけりゃあおいしゅうたべれるぞ〉と思うて、籠を見たけど

何《なん》にもありゃあせん。塩はのうなってしもうとった。でえらえ（ひどく）騙されてしもうたわい」

「そうか、ほんならウサギだけが良《え》えことをしたんじゃなあ。一緒に言うちゃらにゃあいけんがな」

と怒って、ウサギの所に行ったんじゃ。

「ウサギさん、あんたが一番ええことをしたなあ。わしらぁ、えらい目におうたんじゃけん」

「何を言《い》よんさんなら。わしは残り物の豆をもろうたんじゃけど、食うたら豆かさ（豆を食べてできる瘡蓋《かさぶた》）が出て、痛うて痛うて困っとるんじゃ」

と言うて、陰で舌を出しながら泣いて見せたんじゃあ。ウサギはこんな事になるじゃろうと思うて、先を読んで、豆の実だけを食べて、黒い皮を体中にひっつけとったんじゃあ。

サルとカワウソはそれを見て、

「こりゃあひどいことになっとるなあ。痛かろう」

と言うた。

せえから、

「やっぱり悪いことはできんなあ。もうこえからは、人の物を取ったりすまあで」

と話し合《お》うたんじゃって。

サルはこの時に、尻をすりむいたけん、今でも尻が赤いままなんじゃって。

昔こっぷり。

〈再話　勝央町　角野　一女〈勝央民話を語る会ちゃんちゃんこ〉〉

## ひきがえると山うさぎ――四二

昔々、あるところに、ひきがえると山うさぎが仲良く暮らしておったんじゃて。

ある日のこと二人は話したんじゃ。

「何とひっきん、久しぶりにうまえもんでも作って食おうじゃあないか」

「ふん。そりゃあええなあ。山うささん何ぅ作りゃあ」

「餅でもつこうやあ」

二人は、山のてっぺんの見晴らしのええ所で、臼ときねで、
ペッタン　ペッタン　ペッタンコ
ペッタラ　ペッタラ　ペッタラコ
と汗を出しながら、ついたんじゃ。

しばらくすると、うまそうな餅がつけた。すると、ひっきんが、

「さあ食べよう食べよう。つけたぞ、つけたぞ」

とうれしそうに言うた。山うさはちょっと考えてから、

「ひっきん、面白いことを考えたぞ。あのなあ、この餅の入った臼ごと、下の谷に向けて転がそうや。そえで、その後から『ヨーイドン』で、かけ下りて、早う餅を見つけた方が食べる事にしようやあ」
と言うた。
　ひっきんはしぶしぶと、
「まあええわあ。おめえがせっかく言い出したんじゃけん、言うとおりにするわあ」
と言うて、餅の入った臼を横に倒して転がしたんじゃ。臼は餅の入ったまま、
　ゴロゴロゴロゴロ　ゴロゴロゴロゴロ
　ゴロンゴロン　ゴロンゴロン
　ゴンゴロン　ゴンゴロン
山の下に転がっていったそうな。
山うさは、
「ヨーイドン」
と言うてピョンピョン　ピョンピョン　ピョーン　ピョーン走って臼を追い越し、谷底まで先に下りて、臼の転んで来るのを待っておったんじゃ。
　一方のひっきんは、大きな腹をかかえるように、

モンゴリモンゴリ　モンゴリモンゴリ
ピョッコンピョッコン　ピョッコンピョッコン
ゆっくりゆっくり下りて行ったんじゃて。

ちょうど山の中頃まで下りて来たら、つつじの木の根っこに、白いものがひっかかっておる。近寄ってみるとさっきの餅がひっかかって、湯気を出しとる。

「こりゃあ有難い。こねえな所に餅が転び出とるわい。早よう見つけたものが食べるいう約束じゃあけん食べようか」

言うてムシャムシャ食べ始めたんじゃ。

一方、谷底で待っておった山うさは、転がってきた臼に近寄って中をのぞいたけどなんにもない。

「しもうた。臼から出てしもうたんじゃ」

言うて、臼が転がった後を急いで駆け登ったんじゃ。山の中頃まで登ったら、ひっきんがうまそうに食べていると。

「山うさ君、君にはすまんがなあ、先にご馳走になっとるぞ。こーれ、うまいぞ、うまいぞ。手の中から、もーれんす（漏れる）、もるところを食うえんす（食べましょう）」

山うさの腹はグーグーと鳴り、よだれは出る、汗も出る。

ひっきんは、山うさ君が、ちょっとかわいそうになり、

「わしが全部食べてもええ約束じゃあけど、君が、これからは、欲深い考えを止めて、優しい友達になる言うてくれたら、この残った餅ぅ全部あげらあ」

言うて、半分残っておった餅を山うさに渡してやったんじゃ。

山うさは、大粒の涙をポロポロこぼして、

「ごめん、ごめん、ひきどんが歩くのが遅いのを知っておるのに、早う谷に下りて一人で全部食べようと、欲張りを考えたわしが悪かった。これからは、ひきどんのようなやさしい気持を大切にして、仲良くする事を約束する」

と言うて、ひっきんからもろうた餅をうまそうに食べたと。それからは、仲の良い友達になったんじゃと。

昔こっぷり。

〈再話　勝央町　水田　妙子〈勝央民話を語る会ちゃんちゃんこ〉〉

# 笠地蔵――四三

むかし、むかし、ある村にすごく貧乏なおじいさんとおばあさんが住んでおったんじゃ。

もうすぐお正月がくるというのに、家にはお米を買うお金もなかったんじゃ。

「おじいさん、わたしらはええけど、お正月様に差し上げるお米も何もない。どうしたもんかのー」

「そうじゃのー。そしたら、わしが裏山で薪をとって、町で売ってこよう。それで、お正月様をお迎えしよう」

そう言って、おじいさんは、裏山から薪をとってきて、町に売りに行ったんじゃ。

「薪はいらんかのー、薪はいらんかのー」

しかし、薪はちっとも売れんかった。おじいさんが、とぼとぼと帰っていると、途中で、笠売りの男に会ったんじゃ。

「笠は売れたんかの」

「いんや、五つの笠が、ひとつも売れんかった。困ったもんじゃ」

「そしたら、この薪と取りかえんかの」

笠売りも、このまま持って帰っても、しかたがないので、薪と交換することにしたんじゃ。

おじいさんは、五つの笠を背負って帰っていると、雪がどんどん降ってきて、あっというまに雪野原になってしもうたんじゃ。

「寒いのー。はよう帰ろう」

とぼとぼと帰っていると、峠の道端に石のお地蔵様が、六つ並んで立っておったんじゃ。

「おお、こんなに雪をかぶって、お地蔵様もさぞ、寒かろうのー」

おじいさんは、お地蔵様の頭の雪をはらうと、自分の持っていた笠を、ひとつずつ、かぶせてあげたんじゃ。ひとつ、ふたつ、みっつ、よっつ、いつつ。

「あれれ、笠がひとつ足りんわい。弱ったのーどうしたもんかのー」

しばらく考えておった。

〈そうじゃ、うちに連れて帰ってあげよう〉

おじいさんは、お地蔵様を背負って、えっこら、えっこら帰っていったんじゃ。

おじいさんが、お正月様のお米を買って帰ってくるのを待っておったおばあさんは、お地蔵様を背負って帰ってきたのを見て、びっくりしたんじゃ。それでも、おじいさんから話を聞いて、

「そりゃ、ええことをした。お地蔵様も寒かろう。はよう、いろりばたへ上がりんさいや」

というて、お地蔵様をいろりばたの上座に上げて、暖めてあげたんじゃ。

おじいさんとおばあさんは、お正月の用意をすることもなく、はよう寝たんじゃ。

ところが、真夜中になると何かしらん、ポトポト、シャーシャーと音が聞こえてきたんじゃ。

目を覚ました、おじいさんとおばさんは、お地蔵様の鼻の穴から、お米が、ポトポト、シャーシャーと落ちているのを見たんじゃ。

「こりゃ、もったいない」

あわてて、敷き物を広げると、お米は、ゾロゾロ、ゾロゾロと出てきて、みるみるうちに山のようになったんじゃ。

これで、おじいさんとおばあさんは、めでたくお正月様をお迎えできたんじゃと。

むかし、こっぷり。


（再話　津山市　山﨑　憲光〈津山語りの会いろりばた〉）

## 六地蔵——四四

むかし、むかし、あるところに、正直で働き者のおじいさんと、ちょっと欲張りのおばあさんが暮らしておったそうな。

寒くはなるし、もうすぐ正月が来るいうのに、もち米を買う銭もなかったんじゃ。

そいで、おじいさんは、笠をこしらえて町に売りにいったんじゃ。雪がちらちら降る中を、

「笠はいらんかえ～笠はいらんかえ～」

と、一生懸命売って歩いたんじゃけど、町の人はだあれも、一つも買うてくれんかったんじゃ。

おじいさんは、米も醤油もよう買わずに、村はずれまでもどってきた。ひょっとそばを見たら、六地蔵さんが雪をいっぱい頭にのせて、立ってござったのじゃ。

「こりゃあこりゃあ、お地蔵さん。わしは笠をかぶっとるのに、お地蔵さんは寒かろう。この笠をかぶせて進ぜよう」

と言うて、売れなかった笠をみんなかぶせて進ぜたけど、一つだけ足らんかったんじゃ。

「さてな、こりゃ困ったな」

と思ったが、

「そうじゃ、ええことがある。古いけどわしの笠をあげて、わしは、ほおかむりでもしていくかな」

と、お地蔵さんに自分の笠をかぶせてあげ、雪の中を家に帰ってきたんじゃて。

家ではおばあさんは、もち米や醤油を買うて、おじいさんが帰って来ると思うて待っとったのに、何も持たずに帰ってきた。それに、売りにいった笠もないのじゃ。

「おじいさん、これは、どうしたことじゃ」

と、聞いたんじゃ。

おじいさんは、いろりのそばで、雪ぅかぶっとった六地蔵様にあげてきたと、訳を話したんじゃ。おばあさんは、

「そりゃええことをしんさった。餅がのうても正月さんはこられるだろう」

と、納得して寝てしもうた。

そうして、ずいぶんと夜がふけたころに、ひょっと目が覚めた。何やら、ポロ　ポロ　ポロと音がしとる。おじいさんとおばあさんが灯りをつけてみた。村はずれで笠をかぶせて進ぜたお地蔵さんじゃ。いろりのそばに六体のお地蔵さんが並んで鼻の穴からポロッ、ポロッと、お米を出している。びっくりして見てみると、お金も出してくださるお地蔵様もある。おじいさ

んは、

「ありがたい、ありがたい。明日は、ええ正月ができるで」

と、拝んでおったんじゃと。

ちょっと欲の深いおばあさんは、考えたんじゃ。

〈もう少し鼻の穴を大きゅうしたら、もっとたんと（たくさん）出りゃあせんかー〉

そこで、焼け火箸をお地蔵さんの鼻の穴に突っ込んだんじゃ。そうしたらそれっきり米も金も出んようになってしもうたんじゃと。

昔こっぷり。


（再話　鏡野町　今西　佳子〈鏡野語りの会かじか〉）

# 年取り話――四五

今では年を満年齢で数えるが、昔は数え年じゃった。赤ちゃんが生まれるとすぐ一歳、次の正月が来ると二歳というように正月毎に年をとったのじゃ。

昔、ある所にけちな男がおって、

「いやもう還暦が近こうなって、これ以上年を取りとうない。どうしたら年を取らずにすむかなあ」

と思うておったと。

「なんでも正月の神様が大晦日の夜にやって来て、皆に年を配ると言われとる。その時にどっかに隠れとって、年を貰わなきゃあ年を取らんですむ。今年の大晦日にゃ隠れとこう」

そう考えたんじゃ。

「どこがええかなあ。倉の中にゃあ倉の神様がいるし、便所にゃあ便所の神様がいる。山にゃあ山の神様、田や畑にゃあ地神様、川にゃあ水神様がおられる。どこへ隠れてもすぐに見つかってしまう。どこか隠れる所はないかなあ…。おおそうじゃ。ええ所があったぞ。村はずれのごみ捨て場の穴の中へ隠れりゃあ神様はおらんし、よもや正月の神様もそんな所に隠れとるとは思わんじゃろうから、あの穴の中に隠れとこう」

けちな男は、そう決めたんじゃ。

大晦日の夕方になって、男は村はずれのごみ捨て場の穴に行った。ちょうど穴の壁に空洞になった所があったんで、そこに隠れておった。

一方、正月の神様は大きな袋に年を入れて配って歩く。ちょうど郵便配達と同じように、それぞれの神様に受け持ち区域があって、配るのじゃ。そのけちな男の村は、少しばかり足の遅い神様が配ることになった。大晦日の夕方になるとすぐに配り始めて一生懸命配った。

「やれやれ大分配ったぞ」

一息ついていると一番鶏《どり》が鳴いた。

コケロ～ウコ～

「ありゃあもう一番鶏が鳴いたぞ」

袋の中を見ると、まだ年がたくさんある。

「こりゃあ早よう配らにゃあいけん」

正月の神様はあわてて配り始めた。とっとっとっとっ走りながら、

「この家は三人だから三個、この家は五人だから五個…」

そう言いながら年を配って行ったのじゃ。

コケロ〜ウコ〜

「ありゃもう二番鶏が歌うた。もうすぐ三番鶏で夜が明けるぞ」

袋の中を調べてみると、まだ年が二十も三十も残っとる。

「こりゃ困ったぞ。これから配る場所は大分離れた山の麓じゃ。あそこまで行っておったら三番鶏が鳴くぞ。年を持って帰るわけにはいかず、どうしようかなあ」

そう考えていたが、

「そうじゃ。この年を捨てて帰っちゃろう。分かりゃあせん。でも、どこに捨てたらええんじゃろうか。道に捨てりゃあ歩く人に引っかかって、その人が余分に年を取る。田や畑に捨てりゃあ百姓が、川に捨てりゃあ洗濯しょうる女の人が年を取る。どこかしこに捨てるわけにゃあいかん。どこかないかなあ」

色々考えたがなかなか良い所がないと。

「おお、ええ所があったぞ。村はずれのごみ捨て場の穴に捨てりゃあええ。あそこにゃあ誰も入らん」

正月の神様はすぐにごみ捨て場に行ったのじゃ。

ちょうどその頃、けちな男が、

「さっき二番鶏が鳴いた。もすぐ三番鶏が鳴いて夜が明けるぞ。正月の神様もぼつぼつ年を配り終えて帰った頃じゃろう」

男がごみ捨て場の穴から出ようとした時、上から正月の神様が残った年をガラガラと捨てたもんじゃけえ、男の頭にザラザラザラとひっかかった。その男はいっぺんに二十も三十も年を取って、頭は白髪になるし、腰は曲るし、よぼよぼになって穴から這《は》い出し、やっとのことで家に帰ったのじゃと。

年は取りたくないというようなけちな考えはするもんじゃないんじゃ。

昔こっぷり、とびのくそ。

（再話　倉敷市　菅野　光明〈吉備路伝説を語る会うぐいすの会〉）

## 嫁いらず観音――四六

今から千二百年程も昔のこと、行基菩薩《ぎょうきぼさつ》という偉い坊さんが、西国行脚の際、大江《おおえ》村（井原市）に立ち寄られた時のことじゃ。

その頃、大江町梶草《かじくさ》には、「張池」という深い淵《ふち》があって、その淵には悪魔や大蛇がすみ着いて、人々を困らせていた。

行基菩薩は、そのことを大変嘆かれ、「妖怪悪蛇を退治し諸悪を除きたまえ」（悪い者をたいらげ、悪事を除いて下さい）と、観世音菩薩にお祈りされた。すると、菩薩はたちまちのうちに、三十三身の仏に姿を変えられ、大蛇退治に向かわれた。

中でも千手観音は、屏風岩《びょうぶ》を栖とされ、「大悲の弓」に「知恵の矢」をつがえて、雨あられと射かけたので、大蛇や悪魔がすくんでしまった。

その時、十一面観音は、「大悲の利剣」を振るって、悪魔と大蛇を真っ二つにして、ついに滅ぼしたんじゃ。

悪魔の体は張池の底に沈め、その上に大きな岩を置いて葬られた。

そして、大蛇が仏になるように、「仏体真如《ぶったいしんにょ》の善神ならん」と祈られ、大きな岩を交互に積み重ね、ねんごろに祭られた。

行基菩薩は、十一面観音の徳をあがめ、最上級の白檀《びゃくたん》の木に観音像を刻み、樋之尻《ひのしり》山の大きな岩陰に丁重に祭られた。

そしてこの山を、一大観音霊場とされ、ご自分もそばに小さな家を作り、お参りする人々の祈念場とされた。

それが、樋之尻観音で、「嫁いらず観音」として広く知られている。

その後々、毎年旧正月の朝には、黄金の鶏が現れ、「東天紅朗」と鳴くようになったと。

それから、人々の暮らしがやっと安らかになったということじゃ。

そこで、梶草の人々は、活躍された三十三体の各観音の石の像を建てたと。家庭で困ることがあれば、石の観音様を借りて帰り、お祭りした。すると、願いがかなえられるということじゃ。

ある日、福山市新市町の老人が、この観音様にお参りしたところ、嫁さんの手を借りずに、楽に老後が送られ、亡くなっていったというのじゃ。

人々はこの観音様にお参りすれば、幸せな余生が送れ、何時までも、嫁に面倒をかけなくても、幸福な生涯が送れると信じ、「嫁いらず観音」と呼ぶようになったと言う。活躍された千手観音は、千の手を持ち、その手一つ一つに目があり、その目で、人々の苦悩を見て、すぐに救いの手を、差し伸べて下さると言われる。

本尊である十一面観音は、人々の色々な苦難に向き合うため、全ての方向に顔を向けておられるのじゃ。

ありがたや、ありがたや。

〈再話　井原市　大上　照子〈井原語りの会わわわ〉〉

# ゆるぎ地蔵――四七

福山市御幸《みゆき》町の正戸《しょうと》山の下で、県道新市―井原線の道端に、ゆるぎ地蔵というお地蔵さんが祭ってある。

これには、江戸時代の悲しい物語が秘められている。

昔むかし、月の出ていない真っ暗な夜のこと、一人の侍が、街道のかたわらの木の陰に、近頃手に入れたばかりの刀を差し、試し斬りをしようと、待ち構えていた。

すると、向こうから、とぼとぼと足取りも重そうに、やってくる者がいた。そばまで来ると、侍はいきなり、

「バサッ」

と斬りつけた。

「ヒャアッ」

と悲鳴があたりに響いた。斬られたのは若い妊婦さんじゃったそうな。

その時、がたがたと何かがゆれ動く音が聞こえてきた。近くに祭ってあるお地蔵さんが一部始終を見て、台座の上で、前後左右にがたがたと揺れていたのじゃ。お地蔵さんは諭すように言った。

「なにをするんじゃ。お前は人の命をなんと心得ているのじゃ。それにその人は一人じゃあない。おなかには赤ん坊がおる。あんたは二人の命を奪ったんじゃ」

「新しい刀を手に入れ、どうしても切れ味を試してみたかったんじゃが、かわいそうなことをしてしもうた」

侍は悔やんだが、もう取り返しがつかん。

お地蔵さんは、

「お前は、人を殺してしもうた。残念なことじゃ。だが、本当に後悔し、これからは、どんな事があっても、人をあやめたり、悪いことは絶対にせんと誓うなら、仏にもご慈悲はある。赤ん坊はまだ生きている。産婆さんを呼んで命を助け、母親はちゃんと供養するんじゃ」

「必ずお地蔵さんのおっしゃるようにしますから、どうぞこらえてください」

と言って、何度も何度も頭を下げた。

「心を入れ替えて、もう悪いことはするんじゃないぞ。約束するなら、わしは誰にも言わん。お前も誰にも言うな」

「わかった。誰にも言わん。約束する」

と言うと、お地蔵さんのがたがた揺れるのが、やっと止まった。

侍は赤ん坊を助け、母親も丁寧に葬ったが、いつまでも心は晴れず、後味の悪い思いが続いていた。

それから、月日がたっていったが、この侍は、何をしてもうまくいかず、悶々《もんもん》とした日々を送っていた。

そんなある日、昔馴染みの友だちに偶然会い、懐かしさのあまり、二人は居酒屋ののれんをくぐり、飲み始めた。

そうして話しているうちに、この侍はお地蔵さんとの約束も忘れ、昔自分が犯した罪を話しだした。

「若気の至りとはいえ、昔、妊婦を斬りつけ母親を死なせてしまった。それからと言うもの、一人息子に先立たれたり、妻に逃げられたり、悪いこと続きじゃ」

と話していると、店の隅で一人で飲んでいた若者が、すくっと立ち上がり、侍のそばにくると、

「その殺されたのは、私の母親じゃ。親のかたき、外に出え」

と言うた。この若者は、外に出た侍に切りかかった。

「すまんかった。許してくれえ」

と、言いながら侍は若者に斬られ、
「これでええんじゃ。これでええんじゃ。幸せに暮らせえよ」
と言って、その場に倒れ、息絶えてしもうたそうな。

このお地蔵さんは、交通安全には特に霊験があるというので、「交通安全地蔵」とか、また、何ごとによらずお願いをすれば、よく助けてもらえるというので、「お助け地蔵」とも言われている。

地元の正戸町民は、今も、幟《のぼり》や花を絶えないように供え、手厚く供養を行っているそうじゃ。

（再話　福山市　三好　晶子〈備後語りの会ふくふく〉）

# ほらくらべ——四八

昔、ある町になあ、大きなほらを吹く男がおったんじゃと。みんなは、

「あの男は、日本一の大ぼら吹きじゃ。たいしたもんじゃ」

いうて、ほめるもんじゃけん、それをまた自慢しよったんじゃてえ。

ある時、その男が、もう一人、大ぼら吹きじゃいうて回りょうる者がおるいううわさを聞いたもんじゃけん、じっとしとれんようになった。遠くの村じゃけど、訪ねて行ったんじゃ。何日も歩いて、やっとその村に着いて、ほら吹きの家を訪ねたんじゃけど、出て来たのは、留守番をしとる、一人の小さい女の子じゃった。

「なんでも、こちらに日本一のほら吹きがおいでじゃいうて聞いてきたんですが」

「おとうちゃんですか。今は遠くに出かけとります」

「どこへ行かれたんならな」

「はい、おとうちゃんは、私に大きな大きな真っ白なお城を建てちゃるいうて、雪を集めに、北の方の国に行っとります」

　ほら吹き男はびっくりした。日本一のほら吹きの娘だきゃあある。こねいに（こんなに）こまい（小さい）娘なのに、大きなことを言うもんじゃと思って、

「ほんなら、お母さんはおられるかな」

とたずねた。

「おかあちゃんも、今日は出かけとります」

「どこへ行かれたんならな」

「おかあちゃんは、私の誕生日に、首飾りを作っちゃるいうて、きらきら光る星を集めに、空に上がっとります」

　男は、娘でさえ、これだけ大きなことを言うんじゃけん、親が出てきたら、とうていかなわんわ。ほら比べどころじゃないわいと、あわてて帰って来たんじゃと。

　昔こっぷり。

（再話　真庭市　山根　郁江〈真庭語りの会てるてるぼうず〉）

# ねずみのお経――四九

昔々その昔になー、ある山寺の和尚さんが、小僧さんや檀家の人といっしょに村の行事に呼ばれたので、近くに住む権兵衛さんに留守番を頼んだそうな。

権兵衛さん、はいはいお安い御用と引き受け、おまけにお礼のお金まで受け取っていたんじゃ。和尚さんからは袈裟《けさ》と衣を借りて着、仏様の前で、お経をあぎょうてくれえと頼まれてしもうたんじゃ。

権兵衛さんは、

「お経を何にも知らんけえ、どねえにしたらええじゃろうか」

と和尚さんに聞いた。

「全く知らんのか。そうか」

と和尚さんは、頭を叩きながら、しばらく考えて、

「お経というのは、拝む人の思いを包み隠さず、声に出して真剣にお伝えすることじゃが」

と言いかけたが、時間がない。

「難しいことはさておき、とにかくわしが戻るまでちゃんとここに座り、声を出し続きょってくれ」

と言われ、皆さん出かけてしもうたんじゃ。

せえで、権兵衛さんは、和尚さんの袈裟と衣を着て、仏前に座り、数珠をかけ両手を合わせた。すると、仏間の先の壁際をちょろちょろとねずみが走り、壁の裏に隠れた。

また、すぐに柱の横の壁穴からねずみが顔を出し、きょろきょろとのぞくとすぐにひっこんでしもうたんじゃ。権兵衛さんは小声で、

「おんちょろちょろ、ねずみの穴のぞき」

と言うてみたんじゃが、すぐに、次のねずみがまたちょろちょろと来て、穴をのぞき見する。どうやら、お供えの団子を取っちゃろうと思うとるんじゃろう。権兵衛さんは、

「おんちょろちょろ、ねずみの穴のぞき」

と今度は大声で言うちゃあ、数珠を「じゃっ」と鳴らした。ねずみは引っ込んだが、また様子を見る。

ちょうどその時に、どろぼうが、この寺は裕福そうなけん、銭や金目の物を盗んじゃろうと節穴から仏間をのぞきょうた。そのとき、

「おんちょろちょろ、ねずみの穴のぞき」

と権兵衛さんが唱えた。どろぼうは自分のことだと勘違いし、あの和尚は何で分かるのかあといったん引っこんだ。

ねずみが様子をみるため、またのぞいたので、権兵衛さん、

「いったん引っ込みたもうたが、またまたねずみの穴のぞき」

と唱えたと。どろぼうはてっきり自分のことを言われたと勘違いし、どうしようかと迷うて、ぶつぶつと独り言をいっていた。そのとき、ねずみが二匹で話しているようだったから、

「何やらちゅうちゅう申されそうろうかー」

と大声で唱えた。どろぼうはびっくりして、こりゃあかなわんと逃げ出していった。

ところが途中で本堂の裏に回ったとき、どろぼう根性がむくむくと再び湧《わ》いたんじゃ。庫裡《くり》の軒下に吊るされている梯子《はしご》が目に入ったので、屋根に掛けて登った。それから棟伝いに本堂に行き、窓から中二階へ侵入した。何かお金になる物がないかと探しょうたら、天井から吊るされているお宝の「旗」「幕」「天蓋」がある。これじゃこれじゃ。これを盗んでやろうと思い、軽業師のように一気に中央の柱までたどり着いた。

下がっている金色の旗を取ろうと、手を伸ばした。ところが、旗が風であっちに行ったり、こっちに行ったりして取れないのじゃ。

それでどろぼうは、幕でも盗んでやろうと幕をつかむと大きく動いた。

権兵衛さん、それを見て、

「おんちょろちょろ、風もないのに、旗ははたはた、幕はぶるぶると動きそうろうかー」

と唱えた。どろぼうはこの和尚、旗や幕の動くんまで知っとるんかと、またもや驚いたんじゃ。

ねずみは、お供え団子を取ろうと、身を乗り出して今にも団子の上に飛び降りようとしたとき、突然に、

「おんちょろちょろ、駄目よだめだめ、駄目よだめだめ」

と権兵衛さん大声で唱えた。ねずみは驚いてどこへやら隠れてしもうたんじゃ。

このときどろぼうは最後のお宝、金色に輝く飾り金具の「天蓋」を盗もうと、天井の柱と梁《はり》の間で移動中、突然の駄目よだめだめにびっくりして、前にも、後にも進めず、金縛り状態になって動けなくなったんじゃそうな。

権兵衛さんは追い打ちをかけるように、自分の足がしびれたので、

「おんちょろちょろ、足がしびれた、足がしびれたと立ったり座ったりで」

さらに、

「おんちょろちょろ、もしかして、もしかして、じゃけど和尚さん達そろそろ帰ってくるんじゃないの」

と唱えたんじゃ。

「和尚さん達そろそろ帰ってくるんじゃないの」

を繰り返すうちに、なんとそこへ和尚さん達が帰ってきたんじゃ。檀家の皆さんにどろぼうは見つかって捕まってしもうたんじゃそうな。

何も盗めなかったどろぼうは、和尚さんにきつく叱られたが、高いところに上がれる身の軽さを買われ、宮大工に弟子入りを進められ弟子入りしたそうな。

和尚さんから、

「権兵衛さんは偉いもんじゃ。これからは寺で寺の仕事をしてもらう」

と言われ、それから寺でお世話になったんじゃそうな、何とお経はありがたいものじゃのう。

昔こっぷり。

〈再話　倉敷市　吉原　由麿〈吉備路伝説を語る会うぐいすの会〉〉

# 取るのは相撲——五〇

昔、ある一軒の家に泥棒が入ったそうな。泥棒は、音をたてんように、そうっと戸を開けて、中の様子を窺《うかご》うた。

「ゴーッグアーッ、ゴーッグアーッ」

と、大きないびきが聞えてきた。

「こりゃよう寝とるけぇ大丈夫じゃわい」

泥棒は安心して、家の中を、あっちこっち、あっちこっち探したけど、なんにも盗むものがない。

「何か金目のものはないかな、目ぼしいものはないかなぁ」

隅から隅まで探したけえど、やっぱり何もないと。

「わしゃあ、せっかく泥棒に入ったけえど、なんにも盗《と》らずに帰りゃ腹が立つ」

と、よう寝とった主人を起こした。

主人は、何事が起こったかと思うて、目をパチクリさせて、きょとんとしとった。

「こりゃ、ちゃんと目を覚ませぇ。わしは泥棒じゃ」

「どっ、どっ、泥棒様ですか」

「そうじゃ。わしゃ泥棒様じゃ。わしは何年も泥棒の仕事をしてきたが、これほど、なんにもない家は初めてじゃ。何にも取らずに帰るのは、気が悪い。なんと相撲でも取らしてくれんか、相撲の相手をしてくれんかのう」

「そりゃお気の毒に。ごらんの通り、うちにゃなんにもないけぇ、お望みなら相撲の相手をいたしましょう」

主人も、おもしろい人で、すぐに裸になった。泥棒も裸になった。

「はっけよい、のこった、のこった」

二人は、ぶつかったり、押したり引いたり。そのうち主人が泥棒を押し倒した。

「主人の勝ち――」

それから相撲を取り続けた。

「泥棒の勝ち――」「主人の勝ち――」「泥棒の勝ち――」……

何番も何番も取り続けとったそうな。

コーッコーッコーッコケコッコー
一番鶏が鳴き出したんじゃ。

「ありゃりゃあ、一番鶏が歌いだいたけぇ、わしゃ帰って寝にゃならん。けど、最後にもう一番」

「主人の勝ち、泥棒の負け」

「ほんなら、もう一番だけ」

また。押したり、引いたり、ぶつかったりしながら、相撲を取り続けたと。

ふっと気が付いたら、外がすっかり明るうなって、夜が明けてしもうとった。木に止まっとったカラスが、

「アホーアホー、キャーッキャヤッキャヤッキャヤッキャヤッ、キャヤッ、アーア」

と、大笑いしとったそうな。

昔こっぽり、とびのくそ。


（再話　真庭市　井藤　邦子〈蒜山語りの会おきなぐさ〉）

# 神様がおいでの正木山——五一

高梁川にかかっている総社大橋。この橋を西へ向けて渡り、北側の奥が秦《はだ》村、西が久代《くしろ》村になっている。この二つの村のまん中にある大きな山が正木山《まさきやま》。春は見事な山桜が、あちこちに咲き、夏は木々の間を涼しい風が通り、また秋にはマツタケ、クロッコ、シメジ茸がぎょうさん採れた。そして、冬になるとみんなで松ごかき（松の落葉をかき集めること）をした。村人の生活の糧じゃった。村の人達は仲ようしていた。

ところが、どこの拍子か仲たがいをしてしまった。

「正木山は秦の山じゃ」

「いーや、久代の山と昔から決まっとる」

「何を言うか、秦の山に決まっとる」

「いやいや秦の者が勝手に入りょうるだけじゃ」

「そっちが悪い」

「お前らが悪い」

とどちらも譲らず、けんかが絶えんようになった。

　二つの村の坊さんや庄屋が仲裁をしても治まらん。そこで二つの村のみんなを集めて何か良い案はないかと相談をした。その時、一人の若い衆が、

「子どもの時にうちのじいさんが、正木山には磐座《いわくら》という大きな岩があって、それを神様として拝んでおった、と言うとった。わしも見たことはないけど、どうかなあ、みんなで登ってその神様がどっちの方角を向いておられるかで、村の山を決めたらどうじゃろう」

「そうじゃ。それなら誰も文句はなかろう」

「なるほど、それは良い考えじゃ」

「そうしよう」

「よし明日の朝、みんなで登って確かめよう」

ということになった。

　次の朝、秦と久代の村人が大勢で正木山に登り、神様の向きを確かめた。

「おっ、神様は東を向いておられる。これで正木山は秦の山と決まったぞ」

「残念じゃが仕方のない事じゃ」

　久代の人達はしぶしぶ認めるしかなかった。

　昔から神様は東か南、お日様が昇る方を向いておられるのじゃ。久代の人は、してやられた

と悔しがったそうな。しかし、今では秦と久代の人が仲よう祀っておるそうじゃ。

〈再話　総社市　難波　都哉子〈吉備路伝説を語る会うぐいすの会〉〉

# 猟師の源さん――五二

昔々ある村に、猟師の源さんが住んでおった。鉄砲打ちが得意で、いつも殿様や庄屋などが狩の催しをする時は招かれて、大きな獲物をとっていた。村の者は、

「今日も源さんは、でっけい狐を取ったぞ。庄屋さんにえらい褒美をもろうたぞ」

「そうか。たまげたのう」

「やっぱり源さんは、鉄砲打ちの名人じゃのう」

こんなうわさを聞いているうちに、

「俺ほどの名人は、どこにもおらんぞ。今に見てみろ、もっともっとでっけいやつを取ってみせるど」

と源さんは得意になって大威張りじゃった。

ある日のこと。源さんは鉄砲をかついで、山へ出かけた。だがその日はどうしたことか、一日中、歩きまわっても、一匹の獲物にも出合わなかった。源さんは、いらいらしてきた。

「今日に限ってどうしたんじゃろうか」

と悔しがったが、獲物らしいものは一向に見当たらなかったんじゃ。山の中をずいぶんと歩き回って疲れた源さんが、谷間にさしかかった時、ハッとして立ち止まった。

「いたぞ、いたぞ」

源さんの目は異様に輝いておった。木の茂みが、かすかに動いた。

「しめたぞ、しめたぞ、大きな猿じゃ」

「おお、ええもんが見つかった」

源さんは、狙いをさだめた。一息、二息、猿は源さんに気が付いたが、逃げようともせず、しきりに何かものをいうように、口をもぐもぐさせたり、自分の腹を叩いて見せたりする。よくみると猿は二匹で、しかも親子猿じゃ。生まれたばかりの子猿は、まだ逃げることもできん。親猿も、かわいい子供を置いては逃げられん。親猿は、

「どうか、この子を撃たないで下せい」

と頼んでいるようじゃった。しかし源さんには、この猿の願いなど分かるはずもない。

「ズドーン」

鉄砲の音とともに、猿はばたりと倒れた。

「やったぞ、やったぞ」

源さんは、獲物の方へと駆けて行った。しかし、思わず立ちすくんだ。死んだ親猿の腕の中

には、生まれたばかりの子猿が抱かれていた。逃げるにも逃げられなかった親猿は、子猿を助けようと自分の体で守っていたのだ。親猿が死んでいるとは知らず、子猿は母猿の乳をさがして泣いていたんじゃ。

源さんは、自分が大変なことをしてしまったことに気がついた。子猿を見つめているうちに、今まで一度も感じたことのない生き物への愛しさが、身にしみてくるようじゃった。乳を欲しがって泣く子猿をしっかりと抱き抱えると、源さんは、日暮れの山道を帰って行った。

それからというもの、源さんが鉄砲を持つ姿を見た人は、誰ひとりいなかったんじゃと。

昔こっぷり。

〈再話　総社市　山田　博恵〈吉備路伝説を語る会うぐいすの会〉〉

エッセイ

# 昔話と観光ガイド

吉原　由麿

倉敷美観地区《くらしきびかんちく》「倉敷地区ウエルカム観光ガイド連絡会」で無料観光ガイドに携わり早くも十二年目になります。

観光ガイド出発前の心得は、笑顔での挨拶とお客様とのコミュニケーションです。お客様のお住まいや人数年齢等でその日のガイド内容を決めます。お土産や見どころの中で自然に桃太郎の話が出ます。桃太郎がお腰に付けた「昔きび団子」や「桃太郎からくり博物館」など。桃太郎話が進んでくると、「どんぶらこどんぶらこ」「どんぶらこっこすっこっこ」「どんぶりかっしりすっぱいぽう」と桃の流れる音を話すと、音の違いが、川上と川下の違いかな?と質問や笑いが出ます。

お供の犬、猿、雉と違う、どんぐり、蜂、壊れ臼、牛ぐそ、腐れ縄の話をすると、お子様連れのお客様から、どこかで聞いたことがあると声がかかります。

初夏に入ると倉敷の市の花「藤の花」が阿知神社に咲きはじめます。なぜか「源平藤戸合戦《げんぺいふじとかっせん》」や「源平水島合戦」の話になります。滋賀県のお客様から藤戸合戦で先陣の功を挙げた「佐々木盛綱《ささきもりつな》」は佐々木兄弟の次男で滋賀県の出身であると教えられました。水島の合戦で唯一源氏が負けた時の大将の木曽義仲《きそよしなか》は源頼朝の逆鱗《げきりん》に触れ、味方の軍に殺されて、三重県の桑名市にお墓があるよとも教えられ歴史話に花が咲きます。

梅雨時期に入ると備中高松城水攻めの話。羽柴秀吉《はしばひでよし》が天下取りのスタートとして、中国地方を攻め、その中で有名なのがこの水攻め。近くの足守川をせき止め水攻めにし、城主の清水宗治《しみずむねはる》が切腹することになった戦いです。築かれた堤防は、長さ四キロを僅か十二日で完成させた。工事担当責任者が倉敷出身の千原九衛門《ちはらきゅうえもん》だったこと。浮田秀家《うきたひでいえ》が、酒津→鶴形山→早島と、浮田堤《うきたつつみ》（潮留堤防）を築き、干拓による広大な新田開発を行って「倉敷村」と呼ばれるようになったことなどを話します。

また、倉敷美観地区にある大橋家に婿入りした立石孫三郎と代官所焼打ちの浅尾騒動、クラボウと大原孫三郎、そして大原美術館、そして美観地区内を流れる倉敷川と、白壁の倉庫群など、歴史と、それにまつわる逸話を紹介しています。

民話との関わりで二〇一二年の秋、倉敷芸文館とアイビースクエアーで開かれた第十一回全日本語りの祭りに全国から二日間でのべ一二〇〇人が参加したこと、私は語りの部屋で、「源平藤戸合戦」を語り、時間オーバーした苦い経験など、思い出も話したりしています。

観光ガイドにとって、歴史や民話は大切で欠かすことのできないものだと思っています。

（編集委員）

# 岡山県語りのネットワークの歩み

井上　晴正

岡山県語りのネットワークは、県下の語り手グループが、語りの研修と交流・親睦を目的にして、平成二十年に結成した組織です。結成時は九団体、五十人の構成でした。今年で九年目を迎え、語り手の集まりとしては、全国でも稀な組織だと言われています。

現在県下には二十一の団体（個人）が、二百十人の会員を擁して、民話の語りを中心に活動しています。平成二十七年度の活動をまとめると、

○活動日数（のべ）　一四八四日
○語り手の数（のべ）　三三四四人
○語りを聞いた人（のべ）　五六八一八人
○語りを行った場所　四三七カ所

という数になり、年間では県民の三パーセントが私たちの語りを聞いたことになります。

平成二十五年度からは、語りの向上を目的に、月一回「指導者養成講座」を開いています。前半が立石先生の講義で後半は実技と話し合いをしています。「民話について」という講義では、わが国の民話や昔話を分類しながら、その語り方の違いについて学びました。「昔話と伝説」の講義では、時代も人も限定しない昔話と、時代や場所、主人公がはっきりしている伝説との違いを学びました。学習を重ねるうちに、昔話は、名もなき民衆が記憶して、永く伝えて来た民衆の歴史そのものだということが分かってきました。今後は、私たちが昔話を後世に伝えて

いく使命があると思います。

私たち語りのグループは、各地区に根をおろし、毎月定期的に幼稚園や小学校、デイサービス施設などで語ってきました。幼稚園で語り聞いてくれていた幼児が、今は小学校六年生となり、熱心に聞いてくれています。私たちは聞き手の熱い反応を糧として、次回もがんばるのです。

語りの技量を高めるには、他の語りのグループの語りを聞くことが欠かせません。そのためネットワークでは、お互いの主催行事を知らせて、招待しています。また、共同で語りの会も開催しています。井原では毎年五月には、美星語りの会・芳井語りの会・井原語りの会の三つのグループがいっしょになって、美星町の中世夢が原で語りの会を開いています。近隣から多くの親子連れが聞きに来てくれます。

ネットワークでは、一昨年から県内の語りのグループを南北に分け、北部と南部で年に一度語りの交流会を開催するようになりました。会場は持ち回りですが、ここでも語り手と聞き手が共に、大きな刺激を受け、さらにがんばろうという気持ちを固めます。

県内の語りのグループが一同に集まるのが総会・発表会です。平成二十七年度は、鴨方町家公園を会場に約百三十名が集まりました。毎年参加するグループが増えており、語り手も各団体からは一名しか出演できませんが、特色ある内容や語り方に接することができ、大いに学ばせてもらっています。

岡山県語りのネットワークでは、立石憲利先生を核にして、これからもより多くの人に語りを聞いてもらうと同時に、語りというわが国の伝統文化の継承と発展を目指して、感動ある語りをしていきたいと思います。

（岡山県語りのネットワーク事務局長）

# 解説にかえて

立石　憲利

日本民話の会は、「聴く　語る　創る」という雑誌を年一、二冊発行している。同会は、研究団体というより民話運動団体だから、活動を「聴く」「語る」「創る」の三点に集約したものだろう。研究団体なら「研究」が入り、「語る」「創る」は欠落することになる。

岡山県語りのネットワークとして初めての民話再話集を刊行するにあたり、「聴く」「語る」「創る」の三つをキーワードに私の体験も紹介しながら、取り組んできたことなどを記すことにする。

## 一、聴く

民話は口承文芸の一つで、口伝えで伝承されてきたものだ。祖父母から孫へ、父母から子へというように、家系伝承を中心にして継承されてきた。

それを記録することが意識的に取り組まれるようになり、戦後、テープレコーダーの普及で、爆発的に記録活動が発展した。記録され出版されたもので、昔話だけでも全国で八万話以上になるだろう。

意識的に民話を聞き取ることを、民話採訪、民話採録、民話調査などと言うが、聞き耳を立てて話を聞き、記録する。

私も高校三年生、十七歳のときの民俗調査の中で民話を聞いた。これが調査の最初である（この調査結果は『55年前は泣き女がいた』〈吉備人出版〉として刊行された）。

それ以来、今日まで六十年間、民話採訪を続けてきた。「何とかの一つ覚え」というのだろうか、不器用なせいなのだろうか、一つことを続けて、いまでは全国でも、同じような仲間が数人になってしまった。その人たちも高齢や病気でいまは採訪を中止している。

長い採訪活動の中で印象に残った一つのことを報告しよう。

一九八四年三月、日本民話の会で長野県の南部、清内路村（現阿智村）の桜井小菊さんを訪ねた。松谷みよ子ら十人という多勢で、桜井宅の囲炉裏を囲んで民話を聞かせていただいた。

南信州弁の語りは耳に心地よく、岡山弁とは相当違っている。〈もう一度、南信弁の語りを聞きに行きたい〉と。

同年七月、新潟県の妙高高原で研修会が開かれ、参加したついでに清内路村を訪ねることにした。

宿泊する商人宿に桜井さんに来ていただき話を聞いた。何話か語って下さったとき、こう言われた。

「この前のとき（日本民話の会の採訪）、話しているのに居眠りをする人があった。下を向いて何かを書いている人もいた。あなたは相槌を打ってよく聞いてくれたので、今回話すことにした」

民話の会の採訪は、私と同様、遠くからやって来ている人も多く、疲れと、暖かい囲炉裏の火で、つい居眠りをしたのだろう。下を向いていたのは、画家が桜井さんをスケッチしていたのだった。しかし、そんなことは語り手とは関係ないことだ。聞きにきた以上、ちゃんと聞くのは当然のことであろう。

私自身は、長い採訪経験から決して居眠りをしない、相槌を打つというのが習慣になっていて、「相槌を打ってよく聞いてくれた」になったのだろう。そこが、彼女の印象に残った点だったのだ。

この話を聞いて、採訪は真剣勝負だし、相槌がいかに大切なものであるかを思い知らされたのだった。音声は、録音しているから大丈夫という調査を決してしてはならない。

採訪は、「話を聞いて楽しかった」だけではだめだと思う。しっかり聞いて記録することが最低限求められる。そして、必ず報告書を出すということも。聞きにきた以上、語り手から多くのことを聞く必要がある。話を多く聞かせていただこうと思えば、「民話を語って下さい」だけではだめだ。機械のようにボタンを押せば出てくるのではない。こちらからの誘い水が必要だ。

「鼠の浄土」を語ってくれたとき、自分が関心のある「和尚と小僧」の話を聞こうと、「和尚さんと小僧さんの話はありませんか」と尋ねる。「鼠の浄土」と「和尚と小僧」は、ほとんど関連のない話だ。「このケーキはおいしいわ」と彼女が話したとき、「きょうは天気がよいね」と答えるようなものだ。

語り手が混乱を起こさないように、なるべく関連のある問い掛けをする必要がある。「鼠の浄土」だったら、「ほかに鼠の出てくる話はありませんか」「この世とは別の世界、地下や水の中の世界の話はありませんか」というように、何らかの関連あることが大切である。多くの話を語ってくれた語り手の、語った話の順を見ると、関連づけの中でちゃんと語っていることが分かる。

採訪の際、どういう問い掛けをするか、そのために必要なことは、民話の分類などを最低限は知っておくことだ。

昔話に例をとってみると、分類ということに初めて直面したのが、一九六四年に『岡山県昔話資料集　なんと昔があったげな』上下二巻を、岡山民話の会で発刊したときのことだった。当初、会の代表である稲田浩二が編集の任に当たる予定だった。ところが病気で入院、急遽、私が編集することになった。

もともと、私は一人で民話の調査などを行っていたもので、岡山民話の会には、知人からの紹介で二年ほど前に入ったばかりの者。他の会員はできないということで、私が編集をする責任を負った。

では、どのように昔話を分類し、配列するか。大学で民俗学や口承文芸学などの講義を受けていれば、最低のことは分かっただろうが、全くの独学。やっと柳田国男編の『日本昔話名彙』を古本屋で手に入れたばかりのころである。それを最大の武器だと、何回も読んで、どうにか分類し、編集、校正、発行にこぎつけた。いま読み返してみると、分類に間違いがあり赤面する。この経験は、その後の採訪で大きく役立った。

ノートルダム清心女子大学や岡山県立短大の学生たちと昔話の調査に何回か行った。もちろん両大学の教官ではない。学生と知り合い、指導を引き受けたのだ。そのとき『名彙』があれば役立つと、ある印刷所で海賊版を作りテキストとして配った。時効になっているが、堂々と著作権違反をやってのけたのだった。

そんなことから、のちに『日本昔話通観』刊行の際、最初の準備段階からかかわり、常任編集委員で刊行に深くかかわってきた。県別（または地域別）に出す資料篇を仕上げることが第一歩である。①資料をコピーし一話ずつに分ける②仮話型ごとに分類する③その中から典型話一話を選び、残りは類話とする④類話は梗概にして収載する⑤そして全体を配列する——という作業に一番多くの時間を費した。資料を読み、梗概を書くというのが、困難で一番大変な作業だった。私が中心で担当した県は、京都（最初の刊行で全員で協力）、兵庫、島根、岡山、鹿児島、長野・山梨、岩手、福島（一部）の各巻であった。

この編集を担当したことで、昔話の話型、分類などが理解でき、その後の採訪と語りに生きてきた。

採訪活動を続けるなか、次第に昔話の採録が困難になってきた。そこで世間話、伝説も採録するようになり、これらを含めて「民話集」として刊行した。その世間話や伝説も、今日では伝承が消えたり細ってきてしまっている。

苫田ダム建設に伴う民俗調査の一環で『奥津町の民話』（二〇〇四年刊）を刊行したが、たいそう苦労した。民話の採訪はこれを最後にしようと心に決めていた。

ところが『真庭市の民話』（一～三巻）を私の未刊の資料をもとに発行することになり、今日段階での資料も必要だと、新たな調査を行った。それが、また採訪を続ける契機になった。

そして、なぎ昔話語りの会といっしょに、古い資料と新たな調査で『なぎの民話』（二〇一四年刊）を刊行した。それは語りを、さらに活発にさせ、町民の民話への関心を高めるものとなっている。

引き続き現在は、同町などに伝承される巨人伝説・さんぶ太郎を詳しく調べ、語りと地域起こしにも活用しようと、語りの会が中心になって「さんぶ太郎研究会」を発足させて活動。近く研究成果がまとまることになる。

語りの活動が盛んになるなか、地元の民話集をぜひ作り、語りたいという声が起きてきた。これは聞き手である住民の声でもある。

勝央民話を語る会は、近く『勝央の民話第二集』を刊行する。会員が自ら調査したものをまとめたものだ。

加賀語りの会も、同町図書館と協力して、調査を続け、すでに約三百五十話を収録、今年度中の刊行を予定している。

津山の語りの会は、市教委や市議会などに、津山市の民話調査と民話集の刊行を働きかけてきた。その結果、編さん作業中の『津山市史』の一冊として民話集を刊行することが決定。二〇一四年から調査、二〇一七年の刊行をめざしている。

久米南町では語りの会はできていないが、その結成を求めている図書館職員らの働きかけのなかで、『久米南町の民話』（仮称）をまず刊行しようと、二〇一五年から調査が続けられている。

鏡野語りの会も、民話集の刊行されていない旧鏡野町地区の民話集をと、取り組みを始めている。

これらの活動に、私も協力できており、奥津町での決意が崩れたことを喜んでいる。

このように語りの会の活動が、地元の民話採録に大きな影響を与えている。聞くことと語ることは一体不可分といってもよいだろう。これら岡山県内のような動きは、全国的にみてもほとんど例がないといってよいだろう。

## 二、語る

昔話の調査は、一九八〇年ごろまでは、多くの人が知っていて、何日かかけて一つの地域（旧村地域）を回ると、必ずといってよいほど、よい語り手（多くの話を語る語り手）に出会えていた。それが次第にできなくなって、お年寄りの多くが「昔話を聞いたことがない」といわれる状況になってきた。これでは昔話の伝承が消えてしまうのではないかと思えるようになった。

私自身、子どものころ父母から多くの話を、わくわくしながら聞いて育ってきた。こたつに当たりながら、寝床の中で、肌を触れ合わせながら聞いた昔話。いまでも人生のうちで最も幸せな時だったように思う。父母が亡くなって長くなるが、父母のことを夢に見ることは、ほとんどない。夢で見るのは、子どものころ野山、川で遊んでいるところと、同じふとんで父母から昔話を聞いている場面である。それほどまでに心に刻まれているのだ。

自分の娘二人には、私同様に幸せの時間を持たせてやろうと、週何日かは必ず昔話を語って聞かせた。

一九八〇年代の初め、娘の通う小学校のＰＴＡ会長をしなければならなくなった。私のできることは、昔話を語ってやることぐらいしかない。すでに三年ぐらい前から、私の住む町内にある寺で、子どもたちの座禅会のあと昔話を語っていたので、これならできると思ったのだ。学校も各学年一時間の語りができるようにしてくれ、語りをするようになった。それが今日まで続いている。

昔話の語りは、子どもだけでなく先生もたいそう喜んでくれた。

採訪で昔話が聞けなくなるなかで、生きた姿で昔話の伝承をしていく必要があるのではという思いも強くなっていった。昔話を学問の対象としてみるだけでなく、人々に語って聞いてもらうことが、本当に昔話を生かすことになるのではないかと。

語り始めてしばらくすると、他の学校や地域で招かれるようになっていった。勤めをしながらで、なかなか時間が取れないし、一人だけでは対応できなくなる。

そこで語り手を増やそうと考えた。最初に語りの教室を開いたのは、六百話の民話を採録した賀島飛左の住んでいた哲西町（現新見市）である。受講生は若いお母さんだった。昔話を語られるようになってほしい人たちだが、子育てと仕事で、出席率が極端に悪かった。私の教え方にも不十分さがあったことは確かだ。当初考えていた語りのグループの結成、語り継ぐということはできず、結果は「失敗」というしかなかった。その後も、同じ状況が続いた。

私自身、仕事をやめてから少し本気で語り手の養成に取り組むことにし、「立石おじさんの語りの学校」を開催することになった。美星町（現井原市）の公民館で語りを行ったことが契機になり、語りの学校を開くことになった。たいそう意欲的な職員で、語り手が育つまでと数年にわたり学校を開いてくれ、修了生で「美星語りの会」が結成されたのである。同公民館での経験を生かして、県内各地の公民館、教育委員会、図書館などで学校を開いてもらい、私が講師で行くという形をとり、それが定着したのである。

今日まで約五十か所で学校を開き、約千人が受講している。修了生がグループを結成、ボランティアで語りの活動をしているのが、現在二十一グループ、約二百十人である。これ以外に個人で語りの活動をしている人もいる。

これらのグループや個人で岡山県語りのネットワークを結成、相互の交流と情報交換を行っている。

同じように学校を開いても語りのグループができるところと、そうでないところがある。グループができるところは、地域が比較的狭くて、参加者が知り合いになり、交流ができやすいところだ。岡山市などの学校は、広い地域から参加するので、お互いを知らず、グループができにくいところのように思われる。

語りが「上手だ」とか「下手だ」とか言われることがある。私も多くの語り手から多くの話を聞いてきたが、多くは、決して上手だといえるような語り手ではなかった。六百話の語り手、賀島飛左（新見市）も、三百五十話の語り手、三浦志げ代（真庭市）もそうだった。

では、何が上手で、何が下手なのか。今日では、プロの芸能人がテレビで毎日出てきているが、確かに「上手だ」。しかし、必ずしも、心を打つものではない。心の底から笑えるものではない。少しはいいが、いつまでも聞いていたくないものも多い。

上手か下手かは、語り手と聞き手の関係の中で生まれるものだ。私は子どものころ両親からたくさんの昔話を聞いた。いま、父母の語りを録音で聞いてみると、決して上手ではない。しかし、私は、おもしろかったし、こわかったし、悲しかった……。想像しながら、わくわくしながら聞いた。それだったら上手な語りだということができるのではないか。

子どもを愛している父母が、子どもと肌を触れ合わせながら、よく聞き慣れた声で語る。単に物語を伝えるだけでなく、愛情もいっしょに伝えているのだ。このことも重要なことだ。

今日では、新しい語り手たちが民話を語っている。語り手は、聞いてくれる子どもたちを心から愛して語れば、子どもに伝わる。お年寄りに感謝の気持ちで語れば、それが伝わる。「よかった」「楽しかった」「おもしろかった」など反応がある。これは、「上手な語り」だといえる。単なる話芸（技術）の問題ではない。

語りには、いろいろな表現方法があってよい。ただ、民話の語りというときには、先人たちが伝えてきた民話と、その語りの精神を引き継いでいかなければならない。

民話を題材にした絵本なども多く出版されている。それを全部暗記して語るという例も多い。県内でも図書館などで行っている語りは、こういう形のものが多いようだ。

私は、語りの学校や語りのネットワークの講座などで、次のようなことを話している。その中の数点だけを記してみよう。
①民話は丸暗記しないで、筋を覚えて、自分の言葉で語ろう。
そのときには、本人の体験などが必ず入ってきて、語り手自身の話になっていく。

例えば、「茶栗柿麸《ちゃっくりかきふ》」という昔話の例をみよう。話は、「子どもが町へ、お茶と栗と柿と麸を売りに行く」というもので、それでも十分分かる。

私は、現在の津山市で育ったので、子どものころから、物を天秤棒やサスの棒で運んでいた。籠に商品を入れて売り歩く人を、「フゴ振り」と言っていた。そんな経験から、「子どもがお茶と栗と柿と麸を、前とうしろの籠に入れ、天秤棒で担いで町に売りに行ったそうな」と語っている。

もし、真庭市北部の蒜山地区で育っていたら、物を背負って運ぶ地帯なので、「背負い籠に入れて売りに行ったそうな」と語っているだろう。このように体験を生かして語ることが、語りをいきいきさせていく。

②自分の言葉で語る。
本に書かれている民話は、ほぼ共通語で、それも書き言葉で書かれている。

「昔、あるところに、お爺さんとお婆さんがおりました。お爺さんは山へ柴刈りに、お婆さんは川へ洗濯に行きました」

こんな調子だ。この本を丸暗記して語ったら、聞き手に違和感を与える。

自分が日常使っている言葉で、子どもに語ってやるような言葉遣い、できるだけ分かりやすい方言も使うようにすればよい。ただ、昔話の場合、「あったことか、なかったことか分からない話だよ。この話はお爺さん、お婆さんから聞いたんだ」という意味の言葉が必要だ。そこで、ところどころに、「ということですよ」という意味の言葉を使えばよい。「そうな」「げな」「…だと」などの助動詞、助詞を用いることになる。
③小説のように情景描写や心理描写はしない。
「もう七十歳にもなろうかというお婆さんは、腰も少し曲がり、顔には、しわも目立ち、頭は白髪になっています。かすりの着物の袖を赤いたすきでたくし上げ、川へ洗濯に行きました。もう日は高く昇っているのに、水はひやっとするほど冷たく……」

例えば、このように「桃太郎」の最初のところを語ったりしないのだ。昔話は、行動と会話によって展開するものだから、「お婆さんは川に洗濯に行ったそうな」でよい。お婆さんの年齢、容姿、着物などがどんなかは、聞き手に自由に想像してもらえばよい。

④聞き手の心を打つ語りを。

いろいろな語り方はあっても、聞き手が「よかった」「おもしろかった」「感動した」など、心を打つ語りとなっていれば、すばらしい語りだ。このことが、最も大切なことだと思う。

## 三、創る

民話で「創る」といえば、再話と再創造がある。再話はもとの話（原話）の精神や筋を変えないで、欠落しているところを付け加え、文学作品として作り上げた話。昔から語り継がれてきた話を大切にし、次の世代に語り継ぐ橋渡し役といえるものだ。

再創造は、民話の精神を活かして、まったく新しい文学作品を創り上げること。「創作民話」というのも再創造の一種といえよう。

語りにとって原話は最も大切な資料であるが、原話は、すべて完全な形で伝承されているわけではない。欠落していたり、本当に筋だけのような話もある。また、方言は地方によって異なるので、意味が分からないものも多い。

そういう原話をもとに、自分が語りやすいような言葉に変える必要性が生まれてくる。

再話作品や創作作品の出版物を、そのまま丸暗記して語る、いわゆる狭義の「ストーリテリング」の場合は、その必要性はない。

しかし、出版されている再話作品などを語る場合には、著作権があるため、基本的には作者の許可を受けなければならない。さらに使用料を求める者もいる。したがって安易に利用することは許されない。語りをするとき、いちいち許可を得たり、利用料を支払うというのは、実際にはできない。（再話、再創造の作品を書いた作者も、報告された資料集などを無断で使用している例も多いという。実際、私自身が採録・報告した資料を無断で利用された場合もあった）

そこで自分で再話して語れば、わずらわしい手続きも必要でなくなる。そのためにも再話を行うことが求められてくる。

県語りのネットワークに所属する会員も、語り歴十年を超える人もあり、当然のこととして、自分の頭の中で原話から語りやすいように変えて語っている。再話の作業を、これからは、少しずつ熟達していく必要があるだろう。

そこで、再話にあたって気を付けるべき点を、いくつか紹介しよう。（語りの指導者養成講座で話したもののうちの一部である）

①原話は一つだけでなく、同じ話型の話をできるだけ多く調べ、比較して、自分が納得でき、語りやすいように創り上げる。原話は、郷土（岡山県）のものを大切にする。それの方が、

話の背景や様子、言葉もよく分かる。

②筋を変えない。例えば「猿蟹合戦」で、猿が柿をぶつけて蟹がつぶれて死ぬところがある。これを残酷だから「けがをさせた」に改め、仲直りするというように作り変える例もある。民話は、先祖から伝えられてきた文化、先祖の魂とでもいえるものだから、個人の考えだけで勝手に変えない。

③漢語などは少なくし、やさしい言葉を用いる。文節は短くする。「巨大な」は「たいそう大きい」、「強固な」は、「たいそう固い（強い）」というように、分かりやすい表現にする。文節を長くすると、どれが主語なのか、述語なのか分からなくなってしまい、聞き手が理解しづらくなる。

④心理描写や、情景描写はあまりしない。

⑤昔話は、行動と会話で展開していくものなので、再話にあたっても、気をつける。

⑥擬音は、話を楽しいものにしてくれ、理解する上で大きな役割を果たしている。うまく活用する。

⑦再話するときは、自分で語りながら書く。そうすると、すぐに語りができる。

⑧書いた作品は、声を出して何回も読み返し、語りに合った作品にする。出来上がると、何回か自分で語って、よく覚え、語りの場で語るようにする。

本書は、岡山県語りのネットワークによる初めての再話集である。それぞれが、自分が語っていたり、語ろうとする民話の再話に取り組んだ。まだまだ初歩であるが、こういう経験を積み重ねていくと、再話にも熟達し、語りに活きてくるだろう。

また、各人が自由に話を選び、調整をしていないため、同じ話を複数の人で再話することにもなっている。表記法も統一せず、それぞれが異っている。

ただし、監修者として明らかな間違いや、最少限の文章の訂正を行った。使用する漢字は常用漢字を基本とし、それ以外は、できるだけふりがなを付した。

本書を刊行するにあたり、気付いた点を少し記しておく。

再話にあたり、いくつかの原話にあたることと話したが、その点が十分できなかったようだ。これは、民話資料集を多く持っていないこと、市町村図書館に資料が整っていないため利用できなかったことなども一つの要因だろう。

また、私の再話作品は語りで自由に使用してよいといっているため、その再話作品から、さらに再話をした例もいくつかあった。原話にぜひ当たってほしかった。

数は多くないが、自分が子どものころに聞いた話、地区の老人から採話したものなどを作品にしたものがある。読んでいて新鮮だし、語るのに適した作品になっている。

（岡山県語りのネットワーク会長）

# 参考文献一覧

本書に収載した民話の再話にあたり、次の出版物などを参考にさせていただきました。参考文献は、一括して掲載し、話ごとには記していません。参考にさせていただいた文献の著者、編者、出版社など関係者に心からお礼を申し上げます。

（五十音順）


| 書名など | 編著者名 | 出版社 | 発行年 |
|---|---|---|---|
| 新しい日本の語り2<br>立石憲利の語り | 日本民話の会 | 悠書館 | 二〇一二 |
| 井原の伝説 | 井原市教育委員会 | 日本文教出版 | 一九七九 |
| 馬越恭平 | 橋本龍太郎 | 山陽図書出版 | 一九七六 |
| エネルギア民話劇場・ひろしま<br>昔あったとさ　第二集 | 五十嵐美佐子<br>林真由美　大広 | 中国電力広島支店 | 一九九六 |
| 絵本岡山のむかしばなし9 | 岡山の昔話刊行会 | 山陽新聞社出版局 | 一九八四 |

| 書名など | 編著者名 | 出版社 | 発行年 |
| --- | --- | --- | --- |
| 岡山県昔話資料集　なんと昔があったげな　上下 | 岡山民話の会 | 岡山民話の会 | 一九六四 |
| 岡山の動物昔話 | 立石憲利 | 日本文教出版 | 二〇〇七 |
| おかやま伝説紀行 | 立石憲利 | 吉備人出版 | 二〇〇六 |
| 岡山の民話　むかしこっぷり | 稲田浩二 | 岡山出版社 | 一九六一 |
| おかやまの民話　ＣＤブック | 立石憲利　森田恵子 | 吉備人出版 | 二〇〇七 |
| 岡山のむかし話 | 岡山民話の会 | 福武書店 | 一九七四 |
| 奥津町の民話 | 立石憲利 | 奥津町 | 二〇〇四 |
| おばあさんの昔話（二版） | 美若庸子 | 美若忠生 | 二〇一四 |
| 鏡野町史　民俗編 | 鏡野町史編集委員会　鏡野町教育委員会 | 鏡野町 | 一九九三 |
| 鏡野町伝説紀行 | 立石憲利　片田知宏 | 日本文教出版社 | 二〇〇九 |
| 語りによる岡山のむかしばなし一〇一選（上下） | 立石憲利 | 山陽新聞社 | 一九九〇 |

| 書名など | 編著者名 | 出版社 | 発行年 |
| --- | --- | --- | --- |
| 上斎原の伝説 | 立石憲利 | 上斎原村教育委員会 | 一九九八 |
| 吉備路伝説語り部教本集（一巻） | 吉備路伝説を語る会 | 吉備路伝説を語る会 | 二〇〇四 |
| 吉備ものがたり | 市川俊介 | 日本文教出版 | 一九九六 |
| 勝央の民話 | 勝央民話を語る会 ちゃんちゃんこ | 勝央民話を語る会 ちゃんちゃんこ | 二〇一二 |
| 新吉備路おはなし　温羅と桃太郎 | なんば　みちこ | 総社商工会議所 | 二〇〇三 |
| 立石おじさんのおかやま昔話 | 立石憲利 | 吉備人出版 | 二〇〇二 |
| 立石おじさんのおかやま昔話（第二集） | 立石憲利 | 吉備人出版 | 二〇〇四 |
| 立石おじさんが語る岡山の昔ばなし④―どきどき編（CD） | 立石憲利 | テレビせとうちクリエイト | 二〇〇四 |
| 津山朝日新聞（昭和36年1月27日） | | 津山朝日新聞社 | 一九六一 |
| 津山温知会誌　第十三編 | 矢吹金一郎 | 津山温知会 | 一九二四 |

| 書名など | 編著者名 | 出版社 | 発行年 |
|---|---|---|---|
| 津山・すまいの風土記①<br>―ムラの暮し― | ホープ市民会議　すまいの風土記専門部会 | ホープ市民会議　すまいの風土記専門部会 | 一九九二 |
| 動物たちの民話 | 立石憲利 | 総社市教育委員会 | 二〇一二 |
| なぎの民話 | 立石憲利<br>なぎ昔話語りの会 | 奈義町教育委員会 | 二〇一四 |
| 日本の民話20 | 加来宣幸　土屋北彦 | 未来社 | 一九七四 |
| 日本昔話通観　第十巻（岡山） | 稲田浩二　小沢俊夫 | 同朋舎 | 一九七九 |
| 蒜山盆地の昔話 | 稲田浩二　福田晃 | 三弥井書店 | 一九六八 |
| 備後福山みゆき町の昔ばなし | 御幸学区まちづくり推進委員会 | 御幸町郷土史研究会 | 二〇〇一 |
| びんごむかしばなし第三巻 | 川瀬一太 | 備後出版情報センター | 一九九五 |
| 正志と長の民話 | 立石憲利 | 手帖舎 | 一九八九 |
| 真庭市の民話第1～3巻 | 立石憲利 | 真庭市教育委員会 | 二〇一一～一三 |

| 書名など | 編著者名 | 出版社 | 発行年 |
|---|---|---|---|
| 美作民話集 古くからのおくりもの | 安藤由貴子 | 美作国建国一三〇〇年記念事業美作市実行委員会 | 二〇一三 |
| 桃太郎のふるさと 立石おじさんの民話（続編） | 立石憲利 | 山陽新聞出版センター | 二〇一一 |
| 桃太郎話 | 立石憲利 | 岡山市デジタルミュージアム | 二〇〇六 |
| 森蘭丸の母とその流れ | 森嵩正 | 近代文芸社 | 一九九六 |
| 山手村史・史料編 | 山手村史刊行委員会 | 山手村 | 二〇〇三 |
| 山手村史・本編 | 山手村史刊行委員会 | 山手村 | 二〇〇四 |

前記文献のほか、伝承者から直接お聞きした話も多数参考にさせていただきました。

# 再話者一覧

本書に収載した民話の再話者を、グループごとに一覧にした。

| グループ名 | 氏名 | 住所 |
|---|---|---|
| みまさか民話の会ほっこり | 有元　康子　藤原　政子　山本美枝子 | 美作市 |
| なぎ昔話かたりの会 | 高村　漸　平賀　朱巳 | 奈義町 |
| 勝央民話を語る会ちゃんちゃんこ | 浅田あけみ　角野　一女　水田　妙子 | 勝央町 |
| 津山語りの会いろりばた | 川上恵美子　黒原　洋美　田村　洋子　山﨑　憲光 | 津山市 |
| 津山語りの会ぴんどろう | 市本えみ子　稲垣扶左恵　海老原誠子 | 津山市 |
| つやま民話の語りでんでこでん | 粟井美津代 | 津山市 |
| 鏡野語りの会かじか | 今西　佳子　内田　恵子　小椋　勤　小林　節子　仲山　京子　牧田　節子 | 鏡野町 |
| 真庭語りの会てるてるぼうず | 川端よね子　山根　郁江 | 真庭市 |
| 蒜山語りの会おきなぐさ | 井藤　邦子　進　眞澄　立田　富江 | 真庭市 |

| グループ名 | 氏名 | 住所 |
| --- | --- | --- |
| 加賀語りの会どんぶらこ | 山田　敬子 | 吉備中央町 |
| 吉備路伝説を語る会うぐいすの会 | 出原恵美子　奥野志津子　難波　次男<br>難波都哉子　山田　博恵 | 総社市 |
| | 菅野　光明　吉原　由麿 | 倉敷市 |
| 井原語りの会わわわ | 井上　晴正　大上　照子　小林　映子<br>船引　恵子 | 井原市 |
| 美星語りの会こすもす | 黒木　暁子　鈴木　泉 | 井原市 |
| 芳井語りの会でんでんむし | 井上　智恵　田中　美鈴 | 井原市 |
| 備後語りの会ふくふく | 金政　容子　川相　節子　平田　博子<br>廣田美三子　藤本　和美　三好　晶子<br>山下　則子 | 福山市 |
| | 横山　直子 | 神石高原町 |
| 個人加入 | 高森　行代 | 奈義町 |

〈注〉「岡山県語りのネットワーク」は、「立石おじさんの語りの学校」修了者を中心にしたグループで結成されている。個人加入者もいる。岡山県内が中心だが、広島県に語りのネットワークがないため、広島県の「備後語りの会」も加入している。

# あとがき

岡山県語りのネットワークでは、「語りの指導者養成講座」を二〇一三年から開いています。各グループや個人から希望者を募り、月一回、一回二時間の講座です。講師は私が担当。「聞き手の心に響く語りをするために」「もっと民話についての基礎知識をもって語りを」の二点が内容です。毎回、三十~五十人が参加、出席率もよい講座になっています。

二〇一四年からは、再話にも取り組みました。同じ話型の話を、何話かコピーして渡し、それから自分が語れるように再話、文章化するというものです。受講生は、語りの経験が多いので、文章では「もう少し」と思われても、それを語ってもらうと、なかなかよい語りになります。文章化には慣れていないが、ちゃんと頭の中で再話ができているのだと思いました。

二〇一五年に、それぞれ語りたい話を再話し、それをまとめて本にしようと提案。みなさんが苦労して再話した作品が本書です。これからの語りに活かされるでしょう。そして語りがいっそう発展すれば、当初の目的が一つ達成したということができます。

語りをされない読者の方は、民話には、こんな話もあったのか、この話の語りを聞いてみたい、子どもや孫たちに読んでやりたいということになれば、出版した甲斐があったことになります。

岡山県語りのネットワークは、二〇〇八年四月二十九日、九団体（五十人）で結成されました（現在は二十一団体と個人（二百十人））。九年目にして本書が刊行できたことは、本当にうれしいことです。

これからも語りの輪を広げていくためにいっそう精進していく決意です。

なお、本書の刊行にあたり、多くの出版物を参考にさせていただきました。著者および語り手のみなさんに感謝の意を表します。本書の書名『吉備之国の民話』の「吉備之国」は、備前、美作、備中、備後の四か国で、現在の岡山県と広島県の東部にほぼ相応します。語りのネットワークには岡山県と福山市のグループが含まれているため用いたものです。

また、出版にあたって吉備人出版に大変お世話になりました。厚くお礼申し上げます。

二〇一六年六月二日

立石　憲利

**●編著　岡山県語りのネットワーク**

「立石おじさんの語りの学校」の修了生を中心に各地で作られた語りのグループと個人で2008年に結成。2016年現在、岡山県内と広島県福山市の21グループと個人で、構成員約210人。保育園、幼稚園、小学校、公民館、図書館、老人サロンなどで、年間約６万人に語る。事務局＝715-0004 井原市木之子町4985　井上晴正方。電話 080-5232-4974

**●監修　立石憲利**（たていし・のりとし）

岡山県生まれ。民話の採訪60年、全国で約8000話を収録する全国有数の調査者。民話の語りも行う。日本民話の会会長、岡山県語りのネットワーク会長、岡山民俗学会名誉理事長。著書多数。久留島武彦文化賞、岡山県文化賞、山陽新聞賞などを受賞。総社市在住。

**むかしこっぷり　吉備之国の民話**

2016年８月31日　初版発行

編　著　岡山県語りのネットワーク
監　修　立石 憲利
発行所　吉備人出版
〒700-0823　岡山市北区丸の内2丁目11-22
電話086-235-3456　ファックス086-234-3210
http://www.kibito.co.jp　mail:books@kibito.co.jp
印刷所　サンコー印刷株式会社
製本所　日宝綜合製本株式会社


ISBN978-4-86069-482-1 C0039